RESEARCH ON AGRO-FOOD SUPPLY CHAIN
INTEGRATION AND ITS ECONOMIC EFFECTS IN
THE CONTEXT OF OMNICHANNEL RETAIL

U0583297

全渠道模式下
农产品供应链整合及其效应研究

赵晓飞◎著

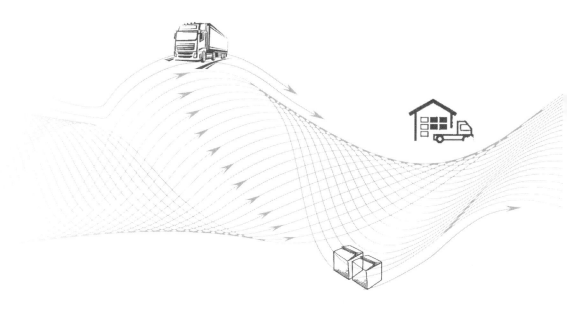

经济管理出版社
ECONOMY & MANAGEMENT PUBLISHING HOUSE

图书在版编目（CIP）数据

全渠道模式下农产品供应链整合及其效应研究/赵晓飞著 . —北京：经济管理出版社，2023.5

ISBN 978-7-5096-9012-3

Ⅰ.①全… Ⅱ.①赵… Ⅲ.①农产品—供应链管理—研究—中国 Ⅳ.①F724.72

中国国家版本馆 CIP 数据核字（2023）第 086266 号

组稿编辑：王玉林
责任编辑：高　娅　王玉林
责任印制：许　艳
责任校对：陈　颖

出版发行：经济管理出版社
　　　　　（北京市海淀区北蜂窝 8 号中雅大厦 A 座 11 层　100038）
网　　址：www. E-mp. com. cn
电　　话：（010）51915602
印　　刷：唐山玺诚印务有限公司
经　　销：新华书店
开　　本：720mm×1000mm/16
印　　张：13.75
字　　数：220 千字
版　　次：2023 年 6 月第 1 版　2023 年 6 月第 1 次印刷
书　　号：ISBN 978-7-5096-9012-3
定　　价：68.00 元

本书得到国家社会科学基金一般项目"全渠道模式下农产品供应链整合及其效应研究"（项目编号：18BGL107）的资助

作者简介

赵晓飞（1977—），男，管理学博士，中南民族大学管理学院教授，三峡大学和湖北第二师范学院特聘教授，美国詹姆斯麦迪逊（JMU）大学和武汉大学访问学者。2018 年入选国家民委中青年英才培养计划（省部级人才），2020 年受聘为湖北省政协应用型智库专家。多年来一直致力于农业流通经济、农产品供应链管理、乡村振兴、农业数字经济等研究。现担任国家社科基金结题评审专家、湖北省农村软科学研究会理事、湖北省生态学会理事、湖北省技术经济管理现代化研究会理事。以第一作者在《管理世界》、《财贸经济》、《农业经济问题》、*Internet Research*（SS-CI）、*International Journal of Production Economics*（中科院 SCI 一区 TOP 期刊）等学术期刊上累计发表论文 40 余篇，出版学术专著 1 部、合著 1 部（入选国家哲学社会科学成果文库），成果多次被《新华文摘》、《中国人民大学复印报刊资料》和"国研网"以及其他专业网站全文转载，2016 年入选中国引文数据库"农业经济"和"市场研究与信息"方向高被引论文排行榜 TOP50。主持完成国家社科基金 2 项、教育部人文社科基金 1 项、湖北省重大调研课题 1 项、湖北省人民政府智力成果采购项目（含重点）3 项、湖北省社科基金项目 3 项、湖北省社科联湖北思想库课题 1 项，参与国家社科基金重大/重点项目 4 项。曾获全国商务发展研究成果奖（2012 年/2013 年）、湖北省社会科学优秀成果奖（2011 年、2015 年、2018 年）、国家哲学社会科学成果文库奖（2016

年）、湖北发展研究奖（2018 年）、国家民委社会科学研究成果奖（2020 年）、武汉市社会科学优秀成果奖（2015 年、2017 年），以及国际学术组织 Science-Father 颁发的国际学术"最佳研究者奖"（Best Researcher Award，2022 年）。主笔或参与撰写的多篇调研报告多次得到湖北省省长、省委常委、常务副省长等主要领导的批示，并被湖北省农业厅、商务厅采纳。

前　言

　　推进农产品供应链整合是畅通农业双循环、解决农产品产销失衡、规避市场风险、建立长期稳定农商关系的重要途径。多年来，学术界针对我国农产品供应链痛点，围绕如何协调成员关系、如何应对需求不确定性、如何提高供应链一体化水平等方面开展了大量有关供应链整合的研究。近年来，随着全渠道零售的发展，越来越多的农业企业在原有营销渠道基础上引入互联网渠道，开启了一个线上线下渠道相融合的全渠道运营模式。全渠道模式强调以消费者为中心、全渠道协同、大数据驱动的特征，一方面使农业企业必须提高其供应链的集成化程度，以快速响应客户需求；另一方面也使学术界及时关注这一全新渠道模式对农产品供应链整合所带来的影响。

　　本书针对我国农产品供应链存在的信息流断裂、供需不衔接、集约化程度低、需求响应性差、质量安全问题频发等现实难题，并结合全渠道发展的影响，运用全渠道零售理论、农业纵向协作理论、核心能力理论、资源依赖理论、组织信息处理理论，采用归纳与比较分析、理论与实证分析相结合的方法，建立了以"历史规律分析—现实问题分析—理论框架构建—效应与机理分析—路径与对策分析"为主线的研究思路和内容体系，对全渠道模式下农产品供应链整合及其效应问题进行了深入研究。

　　一是梳理归纳了传统渠道模式下农产品供应链整合的特征与规律，阐明了其对全渠道模式下农产品供应链整合的借鉴意义。二是探讨了全渠道发展对农产品供应链整合的影响，提出了全渠道模式下农产品供应链运作的特点及存在的问题。三是针对全渠道模式下农产品供应链运作的特点及存在的问题，构建了整合理论分析框架，探讨了全渠道模式下农产品供应链整合的驱动因素、过程机理和影响结果。四是设计了供应链整合的效应分析模型，分析了全渠道模式下农产品供应链整合对公司绩效的影响及其作用机理。五是综合上述研究，通过构建整合路径选择理论分析框架，提出了全渠道模式下农产品供应链整合的实现路径、保障机制。六是从决策服务的视角，提出了推进全渠道模式下农产品供应链整合的对策措施和政策建议。

本书的研究对于丰富和完善农产品供应链整合理论、指导农业企业开展全渠道供应链整合实践，以及服务政府决策具有重要的理论和应用价值。

本书的研究认为，传统渠道模式（单渠道、多渠道、跨渠道）下农产品供应链整合是在特定的供应链发展阶段、技术发展水平、组织资源约束下，各供应链主体基于成本收益比较和利益最大化所做出的理性选择。其中，单渠道和多渠道模式下农产品供应链整合更加强调产能驱动、推式供应链运作，均围绕核心企业创造价值，注重交付网络构建和市场范围拓展，供应链形态分别是串行和并行链式结构，需求响应能力较弱；而跨渠道模式下农产品供应链整合更加强调需求驱动、推拉混合式供应链运作，围绕客户创造价值，注重大数据技术应用和供应链端到端透明，供应链形态是准并行网状结构，需求响应能力相对较强。尽管传统渠道模式下农产品供应链整合在主要形式和典型特征方面存在差异，但其在整合过程中也存在一些共同点：一是强调以客户需求为中心；二是相机抉择供应链整合模式；三是重视支撑体系建设；四是注重供应链协同；五是注重核心企业的引领作用。这些一般规律对全渠道模式下农产品供应链整合具有借鉴价值。

全渠道模式下农产品供应链整合强调以客户需求为中心、以全渠道能力为支撑、以信息技术为手段的农产品供应链成员间的协调与协作。它本质上体现为以全渠道营销逆向驱动农产品供应链整合的过程。相较于传统供应链整合而言，它注重更快速的需求响应、更广泛的协同整合、更充分的技术运用。全渠道模式下农产品供应链整合的社会价值主要体现在微观层面降低供应链运营成本，提高农民收入；中观层面提升供应链协同效率，支撑农业产业转型升级；宏观层面推动供应链现代化，适应农业高质量发展要求。当前，全渠道模式下农产品供应链整合存在的主要问题是需求响应不足，信息平台建设滞后；成员关系松散，组织化程度较低；供应链协同性低，缺乏全渠道运营能力；信息利用率较低，物流追溯能力较弱。因此，推进全渠道模式下农产品供应链整合应针对全渠道模式下农产品供应链运作的特点和存在的问题，从组织层面、资源层面、信息层面对农产品供应链进行深度整合与重构，推动形成快速响应的供应链，并持续改善供应链绩效。全渠道模式下农产品供应链整合是由内外因素共同作用的结果，外部因素表现为消费者购买模式的变化、信息技术的发展、农产品市场竞争的加剧和供应链节点间关系的调整推动着传统农产品供应链向全渠道供应链转型，内部因素表现为组织整合、资源整合、信息整合三个层面通过互联、共享、协调来推动供应链自我调整以适应外部环境变化。

全渠道模式下农产品供应链整合效应表现为整合对公司绩效的影响，其作用机理在于通过供应链内部和外部整合促进"需求响应水平"和"质量安全绩效"的提高，进而改善公司绩效，但全渠道能力和社会协同监管会对它们之间的关系起到调节作用。

一方面，农产品供应链内部整合对外部整合（供应商整合和客户整合）有积极影响，外部整合对需求响应有积极影响，需求响应对公司绩效也有积极影响，但内部整合和外部整合对公司绩效没有显著影响，需求响应在供应链外部整合与公司绩效之间发挥了完全中介作用，全渠道能力正向调节了外部整合和需求响应之间的关系，即企业全渠道能力越强，外部整合对需求响应的作用就会越强。另一方面，农产品供应链内部质量整合对供应商质量整合和客户质量整合有积极影响，内部质量整合、供应商质量整合和客户质量整合对质量安全绩效甚至公司绩效也有积极影响。但相较于内部质量整合和客户质量整合而言，供应商质量整合对农产品质量安全绩效的影响更大。农产品质量安全绩效在供应链质量整合影响公司绩效的作用机制中发挥了完全中介作用。社会协同监管正向调节了内部质量整合和供应商质量整合对农产品质量安全绩效的影响，即加强社会协同监管，有利于增强内部质量整合和供应商质量整合对农产品质量安全绩效的作用效果。

全渠道模式下农产品供应链整合受经济社会发展水平、技术资源约束和政府管理体制的制约，推进全渠道模式下农产品供应链整合必须考虑经济、社会、科技发展的现实，根据自身条件和政府供应链管理体制的政策目标相机抉择，在实践中坚持问题导向原则、效率与效益中心原则、统筹兼顾协调发展原则、顺势而为原则，在路径选择上走内生和外引相结合的双驱型发展道路。其中，内生路径主要包括打造基于大数据技术的农产品供应链一体化链条，推动农产品全渠道流通的发展，构建模块化供需对接型和需求精准导向型供应链，推动"线上线下一盘货+To B/C 一体化"的农产品全渠道供应链创新，推动农产品供应链数字化转型，打造农产品全渠道供应链运营模式，完善小农户嵌入农产品供应链整合的机制；外引路径主要包括理顺供应链管理体制、推行供应链链长制，积极培育供应链核心企业，加强供应链各环节信息化建设，构建农产品供应链质量安全体系，消除农产品供应链要素和市场分割。此外，为确保供应链整合活动的有效进行，还必须建立一套以需求分析与反馈机制、物流配送与追溯机制、信息共享与治理机制、利益协调与分配机制为核心的运营保障机制。

全渠道模式下的农产品供应链整合是一项系统工程，既涉及供应链系统自身的变革，也包括外部环境的变革，因此必须多方施策、整体推进。具体来说，一是培育壮大农产品供应链主体，拓宽农产品销售渠道；二是创新农产品流通方式，打造一体化供应链链条；三是完善农产品供应链信息服务体系，提升信息服务能力；四是加强农产品流通基础设施建设，提高保障水平；五是提高农产品供应链运作的技术水平和标准化程度；六是健全管理制度，进一步完善政策支持。

但由于主观因素和客观因素的限制，本书还存在一些研究不足：一是农产品包括的产品种类较多，而各个产品的市场本身又存在较大差异性，因此归纳各种农产品供应链整合模式，并进行异质性比较，其研究工作既繁杂又难统一，需要进一步深化。二是我们主要站在加工企业角度来研究全渠道供应链整合，缺乏从零售商或电商企业视角的研究，特别是没有很好地将"零售制造商"模式供应链整合思路引入研究，需要进一步完善。三是在实证研究的样本多样性、绩效指标刻画、调节变量的选择方面也需要进一步完善和细化。对于这些问题，我们将在今后的研究中加以深入探索。

由于笔者学术水平有限，本书难免存在一些缺陷和不足，敬请读者批评指正。

赵晓飞

2022 年 11 月

目　录

第一章　导论

一、研究背景

随着新一代信息技术的发展，我国供应链已进入与互联网、大数据深度融合的新阶段，供应链协同的广度和深度大幅拓展，供应链整合能力和协同效率高低已成为衡量企业、产业，甚至国家经济核心竞争力的重要标志。

一方面，大数据、云计算、人工智能、物联网、区块链等先进技术应用能力日趋成熟，并加速从市场消费端向供应链各环节渗透，为企业推动供应链整合，逐步形成无缝链接、高效协同的供应链生态提供了技术手段。另一方面，为积极应对全球供应链收缩重构①的大变局，提升供应链韧性和安全水平，加快构建"以国内大循环为主体、国内国际双循环相互促进"的新发展格局，企业、产业供应链也面临着加速整合的现实需求②。

首先，供应链整合通过对资源的优化配置和业务流程的调整，能够进行全过程、全链条协同管理，有效降低企业经营成本和交易成本。其次，借助新一

---

① 在新冠病毒感染疫情冲击和中美经贸摩擦的双重背景下，全球供应链体系呈现出收缩态势。收缩的核心现象是，全球供应链体系正在从发展中国家或新兴国家向发达国家回流或回归，这导致供应链断裂的风险大大增加，供应链安全问题日益凸显。

② 构建新发展格局的关键在于畅通经济循环，推动供给和需求在更高水平上的动态平衡，而循环的本质是"互联互通"，这就要求企业和产业的各类生产要素在生产、流通、消费各环节进行整合，形成产业互联互通、供需稳定平衡和高效匹配的供应链体系。

代信息技术,供应链整合能够推动成员之间按照市场需求做出反应,促进供需精准匹配,提高供给质量和效率。最后,供应链整合通过跨界融合、分工优化、集成创新,有利于建立供应链上下游合作共赢的协同发展机制,产生新的服务和商业模式,形成专业化的供应链服务,培育生态创新优势。总体来看,供应链整合是落实新发展理念的重要举措,是推进供给侧结构性改革的重要抓手,是提升供应链现代化水平的重要手段。

农产品供应链是我国农业市场体系中不可或缺的组成部分,是构建新发展格局的重要基础和重要环节。农产品供应链建设对于畅通农业双循环、提高农产品流通现代化水平、提升农业竞争力、增进农民福祉具有重要意义。多年来,我国农产品供应链一直存在信息流断裂、供需不衔接、集约化程度低、需求响应性差、利益联结机制不健全、质量安全问题频发等问题,农产品供应链整体上处于"弱集成"局面和"粗放集成模式"状态。针对这些现实问题,学者们从如何协调供应链关系、如何应对需求的不确定性、如何提高供应链集成性和效率等方面开展了大量有关农产品供应链整合的研究。研究普遍认为,农产品供应链整合是解决农产品产销失衡、规避市场风险、建立长期稳定农商关系的重要途径,推进农产品供应链整合的关键是在重构、创新两方面下功夫,通过提高主体组织化程度、发挥核心企业主导作用、完善信息网络和高效资源配置,提升农产品流通效率,促进供应链价值增值,满足消费者需要,助力农户增收。

近年来,随着全渠道零售的发展,越来越多的农业企业在原有营销渠道基础上引入互联网渠道,开启了一个实体渠道、电子商务渠道、移动电子商务渠道相融合的全渠道运营模式。全渠道模式所强调的以消费者为中心、全渠道协同、大数据驱动及"全程、全面、全线"的特征,一方面使农业企业必须提高其供应链的集成化程度和弹性水平,以快速响应客户需求;另一方面也使学术界及时关注这一全新渠道模式对农产品供应链整合的影响。这引发了如下值得研究的科学问题:①全渠道发展如何影响农产品供应链整合?全渠道模式下农产品供应链整合有哪些典型特征?②如何构建全渠道模式下农产品供应链整合的理论框架?如何设计其路径、机制?什么形式的农产品供应链模型才能适应全渠道发展要求?③全渠道模式下农产品供应链整合如何影响供应链绩效?

其影响机理是什么？

对这些问题的回答，一方面能够弥补当前学术界的研究不足，为互联网时代农产品供应链的转型提供理论参考；另一方面也能够为农业企业适应互联网时代流通变革、寻求供应链创新发展提供实践指导，为政府相关政策制定提供决策参考。

二、国内外研究现状及评述

（一）关于供应链整合的研究

学者们对供应链整合的研究主要集中于工业或服务业领域，探讨的议题主要涉及三个方面的内容。一是对供应链整合维度的研究。大部分学者将供应链整合分为内部整合、供应商整合和客户整合三个维度，并认为内部整合是外部整合（供应商整合和客户整合）的基础，内部整合能够促进外部整合的执行（Flynn et al.，2010；Zhao et al.，2011）。二是对供应链整合动因的研究。相关文献分别探讨了关系承诺、关系资本、制度规范等对供应链整合的影响（Zhao et al.，2011；Yu and Huo，2018）。三是对"整合—绩效"的研究。多数实证研究都认为供应链整合会显著提升企业的运营绩效、市场绩效和财务绩效（Flynn et al.，2010；Mackelprang et al.，2014），但也有研究得出不一致的结论。有些学者研究了供应链整合与响应性和绩效的关系（Ralston et al.，2015）。总体结论认为，供应链整合不仅能够提高供应链响应能力和水平，而且能够改善供应链绩效（Yu et al.，2019）。

近年来，随着互联网对拉式生产变革和供应链整合趋势的加速推进，国内学者开始进行互联网时代"脱媒"冲击下供应链整合和重构的研究。谢莉娟（2015）提出了"零售制造商"模式的概念和供应链逆向整合的思路，认为"零售制造商"模式是零售商借助渠道优势逆向整合制造商，从而形成快速响应需求的供应链动态联盟，而供应链逆向整合过程表达了基于经营商品而创造商品的供应链创新机制。闫星宇（2011）尝试运用模块化生产理论构建了零售制造商的模块化供应链网络，并指出模块化供应链网络的本质是零售商主导的基于品类管理驱动和品牌创建驱动的契约网络。

（二）关于全渠道模式下供应链整合的研究

随着全渠道零售的发展，有些学者探讨了全渠道模式下供应链整合的相关问题。Zhang 等（2016）构建了一个多渠道供应链网络模型（MDCSCN 模型），探讨了全渠道模式下供应链网络的规划与设计。张子健和薛传利（2016）研究了全渠道模式下零售企业供应链优化问题，提出了全渠道供应链的概念和构建策略。陈夕（2017）界定了全渠道供应链服务的内涵及特征，提出了全渠道供应链服务模式的构建与实施路径。计国君等（2016）构建了以客户体验为核心、以大数据为手段的全渠道供应链服务创新决策框架。王慧颖和文风（2017）在案例研究的基础上，提出了全渠道模式下服装供应链整合分析框架。吴挺（2021）进一步研究了全渠道供应链整合问题，认为全渠道供应链整合要以客户需求为中心，注重消费者消费体验，不仅要对传统的仓储模式进行全面的重组和升级，还要对线上线下全渠道进行融合。还有学者探讨了全渠道零售策略下供应链整合与企业绩效的关系。宋光等（2019）构建了反映全渠道零售环境下物流整合能力、供应链整合水平、企业绩效之间相互关系的理论模型，并以中国零售企业为样本进行了实证分析，结果发现，零售商的物流信息整合能力和物流组织整合能力对供应链整合有积极影响，而供应链整合对企业绩效有明显的提升作用。

（三）关于农产品供应链整合的研究

国外有关农产品供应链整合的研究主要聚焦于食品系统，探讨其供应链的纵向协调问题。相关探讨议题主要涉及供应链整合的管理模型（Folkerts and Koehorst，1997）、理论框架（Hobbs and Young，2000）及整合与绩效的关系（Ramirez et al.，2021）。这些研究强调了为提升食品供应链效率和绩效，公司在生产、物流、营销、信息和质量管理等方面进行垂直整合的重要性。近些年来，随着互联网经济的发展，不少学者开始关注电子商务在食品或农产品供应链整合中的重要作用，并围绕电子商务供应链管理（E-SCM）、电子商务平台建设、成员协作机制等方面进行了广泛的探讨（Stritto and Schiraldi，2013；Hussain et al.，2019）。

我国有关农产品供应链整合的研究起步较晚，当前的研究主要集中于整合理论分析、整合模式分析、整合路径分析、整合绩效分析等方面。在整合理论方面，纪良纲等（2015）针对我国农产品供应链整合的理论和现实困境，通过引入"狭义农产品供应链"概念，构建了基于组织整合、信息整合、资源整合的理论研究框架。李凤廷和侯云先（2014）从链内、链外及其交互整合视角提出了粮食供应链整合的概念框架。徐广姝和张海芳（2017）构建了以超市为核心的生鲜农产品供应链逆向整合框架。在整合模式方面，刘振滨和刘东英（2015）通过分析共享资源视域下的农产品供应链整合，提出了以环带链、以链带环、环链并行的整合模式。张素勤（2016）从实现农产品供应链四流的创新与整合的视角，构建了以服务集成商为核心、以云技术为手段的供应链新模式。在整合路径方面，刘东英（2015）指出三次产业协同中的问题会成为农产品供应链整合的重要影响因素，它们带来的变化可能为农产品供应链整合提供新的切入点。张青（2017）结合我国农产品供应链主要模式及其面临的现实困境，从推进成员信任关系、优化整合方式、打造新型供应链模式等方面提出了供应链整合的实现路径。在整合绩效方面，朱毅华和王凯（2004）通过构建农产品供应链整合与绩效关系模型，实证分析了供应链内部整合、外部整合和物流能力对企业绩效的影响。符少玲（2016）应用社会交换理论，通过构建"整合前因（信任承诺）—供应链整合—质量绩效"的关系模型，实证分析了农产品供应链整合对质量绩效的影响。

（四）国内外研究现状评述

以上通过梳理文献可以发现：第一，当前供应链整合的研究大多是针对传统商业模式，将全渠道这一新兴模式与供应链整合相结合的研究尚不多见。第二，已有研究认同全渠道战略转型的重要性，并开始探索全渠道模式下的供应链整合问题，但相关研究主要集中于制造业或零售业领域，缺乏对农产品领域的关注，尚没有构建起全渠道模式下农产品供应链整合的理论框架、保障机制，亟待从理论上进行深化和完善。第三，尽管有些研究探讨了供应链整合与响应性和绩效的关系，以及全渠道背景下供应链整合与企业绩效的关系，但鲜有研究针对全渠道发展要求和农产品供应链的特殊性（集成性和响应性不足，关注质量安全），并结合全渠道模式发展给供应链系统带来的影响，分析农产品供应链整合对公司绩效的影响机理，这为本书的研究提供了进一步拓展的空间。本书的研究一方面拓展和丰富了农产品供应链研究的角度和内容，能够为互联网时代农产品供应链转型提供理论参考；另一方面也能够为农业企业开展全渠道供应链整合实践提供指导。

三、研究意义

（一）现实意义

全渠道模式下农产品供应链整合本质上体现为以全渠道营销逆向驱动农产品供应链整合的过程。本书的研究针对全渠道发展要求和农产品供应链的特殊性，分析全渠道模式下农产品供应链整合的内涵特征、社会价值及面临的主要问题，并在此基础上提出整合的路径、机制和政策建议，对于指导农业企业适应互联网时代流通变革，开展全渠道供应链整合实践，促进供应链降本增效，提升供应链现代化水平，解决"小农户"与"大市场"之间的矛盾具有重要应用价值，对于政府相关政策制定具有重要借鉴意义。

（二）理论意义

本书将全渠道模式与供应链整合理论相结合，借鉴互联网时代"脱媒"冲击下供应链整合和重构的新思想、新方法，开展全渠道模式下农产品供应链整合研究，一定程度上弥补了已有研究的不足，拓展了该领域研究的深度和广度，特别是对农产品全渠道供应链整合运作特点以及驱动因素、过程机理、影响结果的研究展示了对于农产品供应链整合分析的独特视角，赋予了传统研究新的思想、内容与手段，这对于推动我国农产品供应链整合理论研究不断走向深化具有重要的理论价值。

四、研究思路、研究内容与理论基础

（一）研究思路

本书依照理论分析和实证分析相结合的研究思路，构建以"历史规律分析—现实问题分析—理论框架构建—效应与机理分析—路径与对策分析"为主线的研究框架。

首先，梳理归纳传统渠道模式下农产品供应链整合的特征与规律，阐明其对全渠道模式下农产品供应链整合的借鉴意义。其次，探讨全渠道发展对农产品供应链整合的影响，分析全渠道模式下农产品供应链整合的内涵特征、社会价值及存在的问题。再次，针对全渠道模式下农产品供应链整合的内涵特征及存在的问题，构建理论分析框架，探讨整合的驱动因素、过程机理和影响结果。最后，设计全渠道模式下农产品供应链整合的效应分析模型，分析整合对公司绩效的影响及其作用机理，在此基础上提出全渠道模式下农产品供应链整合的实现路径、保障机制、对策措施和政策建议。

（二）研究内容

依据上述研究思路，本书的主要研究内容设计如下：

第一章：导论。本章主要介绍本书的研究背景、研究意义、国内外研究现状，并提出研究思路、研究内容、研究方法及创新点。

第二章：传统渠道模式下农产品供应链整合的特征与规律。本章梳理归纳单渠道、多渠道、跨渠道三种传统渠道模式下农产品供应链整合的主要形式、典型特征、适用条件，并进行差异比较，揭示农产品供应链整合的一般规律，阐明其对全渠道模式下农产品供应链整合的借鉴意义。

第三章：全渠道模式下农产品供应链整合的内涵特征、社会价值及存在的问题。本章在分析全渠道发展对农产品供应链影响的基础上，提出全渠道模式下农产品供应链整合的内涵特征、社会价值，并剖析全渠道模式下农产品供应链整合存在的问题。

第四章：全渠道模式下农产品供应链整合的理论分析框架。本章针对全渠道模式下农产品供应链整合的特点和存在的问题，通过构建理论框架，探讨全渠道模式下农产品供应链整合的驱动因素、过程机理、影响结果和支撑条件。

第五章：全渠道模式下农产品供应链整合对公司绩效的影响——需求响应的中介作用和全渠道能力的调节作用。本章是全渠道模式下农产品供应链整合效应分析的内容之一（本书的研究将全渠道模式下农产品供应链整合效应界定为整合对公司绩效的影响）。本章依据整合理论分析框架，设计以供应链整合为前因变量、以需求响应为中介变量、以公司绩效为结果变量的研究模型，主要从组织整合层面，实证分析全渠道模式下农产品供应链整合对公司绩效的影响及其作用机理，并探讨全渠道能力的调节作用。

第六章：全渠道模式下农产品供应链整合对公司绩效的影响——质量安全绩效的中介作用和社会协同监管的调节作用。本章也是全渠道模式下农产品供应链整合效应分析的内容之一。本章根据全渠道发展要求（提高消费者体验水平）和农产品供应链特点（关注质量安全），设计以供应链质量整合为前因变量、以农产品质量安全绩效为中介变量、以公司绩效为结果变量的研究模型，实证分析农产品供应链质量整合对公司绩效的影响机理，并探讨社会协同监管的调节作用。

第七章：全渠道模式下农产品供应链整合的实现路径与保障机制。本章主要结合"整合—绩效"实证分析结果，并依据整合理论分析框架，从内生和外引两个层面提出全渠道模式下农产品供应链整合的实现路径，从需求分析与反馈机制、物流配送与追溯机制、信息共享与治理机制、利益协调与分配机制方面提出全渠道模式下农产品供应链整合的保障机制。

第八章：全渠道模式下农产品供应链整合的对策措施和政策建议。本章综合前七章研究，提出推进全渠道模式下农产品供应链整合的对策措施和政策建议，以服务政府决策。

第九章：研究结论、研究不足与研究展望。本章梳理并总结主要研究结论，指出研究不足，提出研究展望，以便推动后继研究。

（三）理论基础

开展全渠道模式下农产品供应链整合的研究需要以全渠道零售理论、农业纵向协作理论、核心能力理论、资源依赖理论、组织信息处理理论为理论基础。

1. 全渠道零售理论

2011 年，Rigby 首次阐述了全渠道零售（Omni Channel Retailing）的内涵，即零售商基于对线上线下零售渠道的整合而优化消费者购物体验所采取的策略。该模式下的零售商主要通过实体店铺、网络商店、社交媒体等多种渠道与顾客互动。2013 年，李飞教授进一步指出，全渠道是指企业采取尽可能多的零售渠道类型进行组合和整合销售的行为，以满足顾客购物、娱乐和社交的综合体验需求。全渠道零售的核心理念在于从系统性的视角设计企业零售的各种渠道，追求整个零售系统维度上的决策最优化，从而避免多渠道模式下因渠道间盲目竞争而造成的运营效率降低（刘向东等，2021）。全渠道零售具有渠道边界模糊化、线下展厅现象常态化、渠道和媒体融合化、消费过程体验化等特征。

全渠道零售理论为供应链整合奠定了理论基础。一方面，全渠道零售背景下，企业供应链将更加以渠道消费需求为中心，通过对实体渠道、电子商务渠道以及移动电子商务渠道进行整合，实现供应链商流、物流、信息流与资金流的一体化，从而满足消费者全方位和个性化的消费需求。另一方面，全渠道零售所具有的全渠道协同、大数据驱动特征，也要求企业在进行供应链整合过程中积极应用信息化技术重构供应链组织架构与业务逻辑，推动资源在供应链不同环节之间的流动，从而实现全渠道供应链效率的改善。

2. 农业纵向协作理论

农业纵向协作（Agriculture Vertical Coordination）又称农业垂直协作。它是指在整个农产品供应链中，核心企业把农产品原料供应商、农户或合作社、分销商在流程上、形式上、功能上联结成一个统一的整体的过程（Mighell and Jones，1963）。纵向协作模式经历了从无到有、从松散型到紧密型、从单一化到多元化的演变过程，从广义上来看，包括市场交易、合同关系、战略联盟、纵向一体化等各种协作模式。纵向协作模式的优化，不仅有利于改善农产品生产者在农产品供应链中的弱势地位，提高农民收入，也有利于控制供应链生产、流通与加工环节的农产品质量，促进产业的可持续发展。

全渠道模式下农产品供应链整合可视为一种纵向协作模式的优化。它通过逆向整合，在下游将企业、分销商联系起来，企业可利用自己的协调整合能力进行市场化的运作，提高供应链运作效率，在上游将企业、农户联结起来，企业可以利用自己的经济实力和市场优势，为农户提供资金、技术、市场信息等方面的支持，并倒逼农户根据消费者需要组织生产，提高农产品质量，解决我国农产品供应链中一直存在的各自为政、缺乏整合、成本居高、信息不畅、质量安全问题频发等问题。

3. 核心能力理论

企业核心能力理论（Core Competence Theory）起源于传统的企业能力理论。企业核心能力理论强调企业"特有能力"的重要性。这种特有能力的特征表现为稀缺性、可延展性、价值性和难以模仿性。

核心能力理论为阐释农产品供应链整合提供了理论依据。农产品供应链整合行为之所以发生，是因为供应链成员具有某一方面的特有能力（比如，农户集中于按要求生产，龙头企业集中于产品加工和品牌建设，分销商集中于网络覆盖），而这些特有能力对参与合作的其他成员的需求来说又是最匹配的，在行使和完成业务时也是最有效率的，供应链成员彼此间核心能力的异质性和独特性，使他们在开拓新市场过程中，彼此需要对方互异的核心能力，以形成强大的合力，这促使双方建立合作关系，聚合彼此的核心能力。

4. 资源依赖理论

资源依赖理论（Resource Dependence Theory）的核心假设是没有组织资源是自给的，组织需要通过获取环境中的资源来维持生存。在资源有限的情况下，组织为了取得生存所需要的且又被外部所控制的资源，组织间的互动联结便成为一种选择。

资源依赖理论强调组织间的关系和组织的主动性。一方面，资源依赖理论认为组织更应该被视为一种"联结"。比如，组织会通过垂直整合来消除对其他组织的依赖，或通过水平扩展以消除竞争中的不确定性。另一方面，资源依赖理论强调组织可通过操纵、控制或联合其他组织来维持自身独立。

依据资源依赖理论，农产品供应链整合可以理解为，当核心企业所需的资源无法从内部取得时，通过与供应链中拥有相关资源的成员联结和整合，以取得所需资源，并最终实现供应链价值增值。这是因为联结和整合为企业提供了以新的和不同的方式持续改变资源基础的潜力。

5. 组织信息处理理论

组织信息处理理论（Organizational Information Processing Theory）认为，随着不确定性的增加，组织的信息处理能力也必须增加（Daft and Lengel，1986）。组织信息处理理论通过检查发生在组织边界内和跨组织边界的信息流来解释组织行为，侧重于将不确定性与信息需求和组织信息处理能力联系起来（Yu et al.，2019）。根据组织信息处理理论，一个组织的信息处理能力与其信息需求是保持一致的。也就是说，一个组织必须能够在整个组织中收集、综合和协调信息，以帮助组织降低不确定性。

就全渠道模式下农产品供应链而言，为了应对全渠道营销带来的不确定性，农业企业通常会对信息技术与供应链各环节进行整合，并通过信息共享、数字化转型来提高信息处理能力，从而降低供给和需求不确定性对供应链的影响。

五、研究方法与研究创新

（一）研究方法

根据研究需要，本书综合运用归纳与比较分析、理论与实证分析相结合的研究方法。

1. 归纳与比较分析

梳理归纳传统渠道模式下农产品供应链整合的主要形式、典型特征与适用条件，并进行差异比较，揭示农产品供应链整合的一般规律，阐明其对全渠道模式下农产品供应链整合的借鉴意义。

2. 理论分析

（1）运用全渠道零售理论，分析全渠道发展对农产品供应链整合的影响，提出全渠道模式下农产品供应链的内涵及运作特点。

（2）运用核心能力理论、资源依赖理论，借鉴供应链整合的前因研究理论、配置研究理论、情境研究理论（Contingency Theory，CT）和绩效研究理论，并结合农产品供应链特点和全渠道发展的影响，构建全渠道模式下农产品供应链整合的理论分析框架。

（3）运用全渠道零售理论、农业纵向协作理论、组织信息处理理论，依据整合分析框架，从内生和外引两个层面提出全渠道模式下农产品供应链整合的实现路径，并探讨整合的保障机制。

3. 实证分析

设计整合效应分析的"结构化李克特量表"，选择代表性调查对象进行多样本、多层级问卷调查，应用结构方程模型（SEM）实证分析全渠道模式下农产品供应链整合对公司绩效的影响及其作用机理，并采用 Hayes（2013）提出的有调节的中介模型和 PROCESS 程序，实证分析全渠道能力和社会协同监管的调节作用。

（二）研究创新

通过研究，本书取得了理论层面、内容层面、方法层面三个方面的创新。

1. 理论层面的创新

突破了传统商业模式下农产品供应链整合研究范式，从"全渠道"这一新兴概念入手，将全渠道模式与供应链整合理论相结合，构建全渠道模式下农产品供应链整合的理论分析框架。该框架既体现出农产品供应链的特殊性，又体现出适应新商业模式变革的趋势，能够为互联网时代农产品供应链转型提供理论参考。

2. 内容层面的创新

（1）按照零售渠道变革的演化历程，动态梳理了传统渠道模式下农产品供应链整合的主要形式和典型特征，并从多维角度比较了其内在不同，在此基础上，提出了全渠道模式下农产品供应链整合的内涵、特征，丰富了农产品供应链整合的动态化研究。

（2）在分析全渠道模式对农产品供应链影响的基础上，考虑农产品自然属性特征、农产品供应复杂性与供应链整合之间的匹配关系，通过构建理论分析框架，探讨了整合的驱动因素、过程机理和影响结果，为全渠道模式下农产品供应链整合研究提供了新的分析工具和分析框架。

（3）针对全渠道发展要求和农产品供应链的特殊性（集成性和响应性不足，关注质量安全），设计了整合效应分析的理论模型，实证分析了全渠道模式下农产品供应链整合对公司绩效的影响及其作用机理，并将全渠道能力和社会协同监管这两个情境变量嵌入理论模型探讨其调节作用，丰富了供应链整合与绩效关系的理论和实证研究。

3. 方法层面的创新

使用基于工具变量（IVs）的结构方程模型（SEM）实证评估了第五章理论模型的潜在内生性，并提供了详细的内生性问题检验过程。尽管这一方法曾得到相关学者的重视（王宇和李海洋，2017），但在国内管理学领域的具体应用尚不普遍（主要应用在经济学领域）。因此，本书的研究在方法层面的尝试可能具有一定的新意，一方面能够为国内管理学界对内生性问题的检验和修正提供参考；另一方面也能够促使学者在研究之初就将内生性问题考虑进去，从而进行更好的研究设计。

第二章　传统渠道模式下农产品供应链整合的特征与规律

本章的主要目的是梳理并归纳单渠道、多渠道、跨渠道三种传统渠道模式下农产品供应链整合的主要形式、典型特征和适用条件，并进行差异比较，揭示农产品供应链整合的一般规律，阐明其对全渠道模式下农产品供应链整合的借鉴意义。

一、核心概念界定

(一) 供应链

供应链的概念是随着社会化大生产的分工和现代企业组织形式的发展而逐步发展起来的。它最早是由经济学家彼得·德鲁克提出的经济链一词衍生而来的，后被引申为"价值链"并最终演变为"供应链"（李干琼等，2020）。1982年，美国学者 Oliver 和 Webber 在出版的《供应链管理：物流与战略并行》一书中，最早提出了供应链的概念，指出供应链是企业内部的一个运行过程，即企业采购原材料和设备，通过生产加工，转化为产品并销售出去的连续过程。1996年，美国供应链协会将供应链管理定义为"为生产和提供最终产品，企业从供应商的供应商到顾客的顾客所付出的一切努力"。从此，学界对供应链的认知从企业的内部过程扩大到了外部流程，更加注重围绕核心企业所构建的网链关系，强调供应链不仅是材料链、信息链、资金链，还是一条在合作基础上所形成的价值增值链，具有需求驱动、多维协同和价值增值（或称福利增进）属性。在我国相关政策文件中，供应链被定义为"以客户需求为导向，以提高质量和效率为目标，以整合资源为手段，实现产品设计、采购、生产、销售、服务等全过程高效协同的组织形态，具有创新、协同、共赢、开放、绿色等特征"①。当前，随着新一代信息技术的发展，供应链已发展到与互联网、大数据、人工智能、区块链深度融合的新阶段，呈现出"从单个成员各自为战向高度协同转变、从单纯追求成本效率向追求韧性和安全转变、从传统的链条式业务模式向网络化生态系统转变"的新特征，并逐渐形成了基于数据驱动的消费供应链和产业供应链②的双轮效应。此外，由于贸易保护主义、地缘政治变动及新冠病毒感染疫情的影响，当前全球供应链的安全不再仅仅着眼于建立稳定的供需关系，而是更加注重建立有韧性的供需关系③，这就要求供应链体系有足够的广度和深度，注重端到端供应链的系统性优化，在每一个环节都有足够多的市场主体，能够为供应链运行提供足够的缓冲空间，重构稳健、安全的供应链将成为政府和企业关注的焦点。

（二）农产品供应链

供应链思想被引入农业领域始于 20 世纪 90 年代初期。自 Zuurbier 于 1996 年首次提出食品供应链的概念后，供应链管理引起了学术界和企业界的极大关注。学者们提出了不少涉农供应链的概念表述，主要有农业链（Agriculture Chain）、农业供应链（Agriculture Supply Chain）、农业食品供应链（Agriculture Food Supply Chain）、食品及农业供应链（Food and Agriculture Supply Chain）等（李干琼等，2020）。农产品供应链在国外文献中也被称为农业食品供应链（Ag-

---

① 参见:《国务院办公厅关于积极推进供应链创新与应用的指导意见》（国办发〔2017〕84 号）。

② 消费供应链是基于互联网技术发展起来的。它追求规模效益，从流量当中变现获利，总体上是一种劳动密集型的模式。产业供应链意味着数字技术与产业的深入融合，强调通过大数据平台、智能化管理实现产销高效率匹配、产网多样性融合、产链无缝隙对接、产服一体化转换，促进实体产业降本增效。从消费端向产业端渗透、从消费供应链向产业供应链延伸是数字经济时代供应链变革的重要方向。

③ 供应链发展历程一直遵循固有的进化逻辑——朝着增强系统韧性和提升价值传递效率的方向演化（高亮和郭杰群，2020）。

ro-food Supply Chain），是指在农产品"从田间到餐桌"流通的过程中，以核心企业为主导，将农产品产、供、销各环节的业务流程进行有机衔接所形成的价值网络，不仅包括农产品生产，还涵盖了加工及营销等相关流程（Downey，1996）。农产品供应链是一个涉及农产品具体领域的、多维性的和复合性的农产品流通系统。具体而言："涉及农产品具体领域"是指包括粮食产品、肉禽产品、蔬果产品和水产品等多种产品的领域。"多维性和复合性"是指，农产品从生产者向消费者转移过程中，在部分环节或整个链条上形成的采购系统、信息系统、物流系统、组织结构、成员关系、治理模式和运行环境的统一体。

理解农产品供应链需要注意以下几个方面的内容：

第一，农产品供应链与制造业和服务业供应链不同。它所涉及的范围更广，更具社会性。它具有参与主体多、供应环节复杂、存在较大市场风险、对仓储和物流的要求较高、信息共享难、安全监管难等特点。此外，冗长的流通链条也增加了农产品流通成本，导致农产品生产长期处于价值链底端，农产品市场存在极大的供需不平衡问题。

第二，农产品供应链是处于特定制度、科技环境下的农产品流通子系统，其发展演化受到上述环境的制约。中华人民共和国成立以来，我国农产品供应链体系建设先后经历了"统购统销"、"双轨制"、市场化转型、全面现代化阶段。当前我国农产品供应链的形态、模式是经过诱致性流通制度变迁政策①的引导逐步演变而成的，表现出供应链结构为"长而窄→长而较宽→长而广"，成员关系为"非常松散→松散→相对紧密"，供应链主体为"单一→逐渐多元→多元"，终端业态为"单一业态→多业态→复合业态"，交易方式为"指令性交易→对手交易→多方式交易"的渐进式转变②，供应链模式呈现出交叉错位式发展和选择性替代的变革规律。未来，随着新一代信息技术发展，农产品供应链模式将呈现出从低级向高级、从链式结构向网络结构、从松散合作向端到端协同、从对手交易向平台化和生态化演进的趋势。

---

① 诱致性制度变迁是指微观经济行为主体（如农民、企业等）在响应由制度不均衡引致的获利机会时所进行的一种自下而上的自发性变迁。它具有边际革命和增量调整性质，是一种渐进的、不断分摊改革成本的演进过程。

② 这和我国农产品流通制度变迁的方向是一致的，我国农产品流通制度变迁主要是一种自上而下的政府管制方式逐渐放松过程。

第三，农产品供应链的核心是建立公平、公正、共享的利益分配机制。中国农业以小农经济为主①，处于供应链上游环节的农民组织化程度低（具有分散经营特点），在供应链中常处于弱势地位，如何将分布广泛、规模较小的农户有效地组织起来并有效地融入农产品供应链合作机制，通过建立公平、公正、共享的利益分配机制，让农户充分分享整个链条的增值收益，是农产品供应链健康发展的关键。

第四，农产品供应链以某种特定模式呈现，不仅包含单渠道、双渠道、多渠道、跨渠道等传统渠道模式下供应链形态，还包含全渠道模式下供应链形态，且供应链的属性（技术属性、功能属性）特征也呈现出一定差异。

第五，农产品供应链将更加强调韧性②、安全。在新冠病毒感染疫情全球大流行与逆全球化交织的百年大变局背景下，自然灾害、公共卫生事件、物流阻塞、金融危机等因素叠加，农产品供应链的安全稳定面临前所未有的挑战（张喜才，2022）。这使农产品供应链主体认识到，必须要尽快通过整合协同和补链强链构建具有韧性的供应链，以实现业务韧性、结构韧性、管理韧性、供给能力韧性，从而保证供应链安全。提升农产品供应链韧性和安全水平不仅有助于弱化外部环境变化带来的冲击，保障农产品有效供给，也有助于提高供应链现代化水平，推进农业高质量发展和农业农村现代化。

（三）农产品供应链整合

农产品供应链整合是指由经济、社会和技术等环境要素变化而引发的供应链部分环节或整个链条的系统参数在构成方面的深度重构和优化重组。它具体体现为在农产品"从田间到餐桌"流通的过程中，核心企业通过与供应链合作伙伴进行战略协作，对供应链的组织、信息、资源等要素进行优化配置，实现商流、物流、信息流的高效流通和供应链的一体化运营，进而为客户提供最

---

① 2016年第三次全国农业普查数据显示，全国小农户数量占到农业经营主体的98%以上，小农户从业人员占农业从业人员的90%，小农户经营耕地面积占总耕地面积的70%。我国现在的农户有2.3亿户，户均经营规模7.8亩，经营耕地10亩以下的农户有2.1亿户。

② 农产品供应链韧性是指在农产品供应链中部分链条或环节面临外部冲击时，供应链仍能对破坏性事件做出积极反应、保持动态平衡，并实现自我恢复的一种适应性和抗逆性能力。完整闭合是韧性的基础性条件，自主可控是韧性的核心要义，不确定性应对及其后果修复是韧性的本质要求，技术创新是韧性的内驱动力。

大化价值的过程（赵晓飞和鲁楠，2021）。理解农产品供应链整合应把握好以下几方面的内容：

第一，农产品供应链整合的本质是资源在供应链系统中的重新配置，其主要目的是提升农产品供应链绩效，一方面从微观层面上解决小农户与大市场的衔接问题，让农户共享增值收益；另一方面从宏观层面促进供应链价值共创、降本增效，提升整个供应链系统的运行效率和效益。

第二，农产品供应链整合是一个"渐进最优"的供应链模式选择过程。新的供应链模式（如全渠道供应链）总是在特定环境约束下的优化改进，特定供应链模式的萌芽、发展、成熟和衰落，必然是供应链系统内外因素共同作用的结果。

第三，农产品供应链整合研究对象需要同时从单个成员、配对成员、渠道全链三个视角考察。单个成员（Member）是所有供应链成员活动的基础，对培育和繁荣多主体参与的农产品供应链网络具有重要作用。例如，当前蓬勃发展的电商平台自出现伊始就极大地改观了农产品市场格局。配对成员（Dyad Member）是供应链成员合作的关键，在竞争日趋激烈的形势下，农产品供应链的"短期交易"已难以具有活力，而寻求长期关系的"战略合作"就显得越发重要。渠道全链（Channel Chain）是农产品供应链高度分工和价值增值的核心。例如，承担分销职能的"分销链条"是降低供应链成本、提升供应链利润的最大环节，承担物流服务职能的"物流链条"则通过企业与物流商的战略合作实现了分工优化，降低了整个供应链的物流成本。当前新出现的基于模块化的供需直接对接供应链、农产品全渠道供应链，也通过技术融合，改进了资源配置方式，拓展了分工协作的宽度和深度，促进了供应链增值。

第四，农产品供应链整合是一个动态渐进化的过程。一方面，整合是供应链系统适应环境变化而不断优化的过程，具有突出的动态性特征（李崇光等，2016）；另一方面，整合涉及供应链的很多方面，既包括采购系统、信息系统、物流系统、组织结构、成员关系等供应链系统自身的重构变革，也包括外部环境的支持，其目标的实现不是一蹴而就的，具有鲜明的渐进性特征。随着新一代信息技术的发展和国家对供应链创新发展战略的深入推进[①]，农产品供应链

---

① 2017年，供应链创新发展上升为国家战略。

整合将主要向协同能力强、数字化程度高、绿色底色足、安全可控制、联农带农紧这一方向发展。

（四）渠道模式

渠道模式是从零售视角进行定义的，李飞（2013）将渠道模式划分为单渠道模式（实体店）、多渠道模式（实体店和网店并存）、跨渠道模式（实体店+网店+移动商店）及全渠道模式（网店的重要性超过实体店的跨渠道状态）。四种渠道模式分别对应渠道模式演变的四个阶段，即"砖头+水泥"阶段（1990~1999年）、"鼠标+水泥"阶段（2000~2009年）、"砖头+鼠标+移动"阶段（2010~2011年）和"鼠标+砖头+移动"阶段（2012年至今）（Burdin，2013；李飞，2013）。

从学术定义来看，单渠道模式即单渠道零售模式，是指企业选择一条渠道（不管这一条渠道是实体渠道还是网络渠道）进行产品销售的过程。多渠道模式即多渠道零售模式，是指企业采用两条及以上完整的零售渠道进行产品销售的过程，但顾客要在一条渠道上完成全部的购买活动。跨渠道模式即跨渠道零售模式，是指企业采用多条非完整的渠道进行产品销售的过程，但每条渠道仅完成部分功能。例如，消费者在线上挑选商品完成支付，线下提取商品。全渠道（也有学者称其为泛渠道、无缝渠道）模式即全渠道零售模式，是指企业采取尽可能多（不是所有）的渠道（如实体渠道、电子商务渠道和移动电子商务渠道），并通过渠道组合进行产品销售的过程，更关注顾客一致性体验，此时有形店铺的地位相对弱化（李飞，2013）。

从渠道的结构和功能来讲，单渠道模式是一种窄渠道策略，强调只选择一条渠道进行产品销售，完成渠道的所有功能；多渠道是一种宽渠道策略，表现为多条渠道并存，每条渠道都完成渠道的全部功能；跨渠道则表现为多渠道整合，整合意味着每条渠道完成渠道的部分功能而非全部功能[1]，而消费者能够进行跨渠道交互购买（李飞，2013）。全渠道模式强调通过多个销售渠道协同

---

① 这里所说的"完成渠道的部分功能而非全部功能"实际上是跨渠道模式的特征之一，即渠道功能的分散性。比如，通过线上电商平台销售产品，通过公众号传播品牌或提供技术支持，通过线下实体店展示产品和提供体验（庄贵军等，2019）。

一致和融合交汇（线上线下渠道不是完全独立的，而是融合连通的），形成全渠道消费体验的"闭环"，为消费者提供购买产品、联系客户服务、接收有用信息和节省时间的机会。

理解全渠道需要注意以下几方面内容：第一，全渠道的核心在于改善与用户的触达和交互。全渠道一定不再是基于渠道本身的搭建，而是基于用户需求和体验二者对接的最优化，其重点工作是要打破同质化渠道建设思路，从资源优化的角度，将用户出现的地方与可以快速触达的点和服务进行匹配。第二，企业开展全渠道运营需要关注两个重要的前提，一个是线上线下同质同价；另一个是所有的交易流程、订单、服务都要在线化，对用户的购买和服务必须可追踪。第三，全面信息化是全渠道模式最重要的特征。全渠道是基于互联网技术的渠道运营方式。全渠道鼓励企业将实体渠道、电子商务渠道、移动商务渠道通过网络打通和连接，并利用大数据技术分析消费者行为、刻画消费者画像。

由于单渠道、多渠道、跨渠道和全渠道的时间节点分别对应于 1990~1999 年、2000~2009 年、2010~2011 年、2012 年至今，因此，我们把单渠道模式、多渠道模式、跨渠道模式统称为传统渠道模式。

二、单渠道模式下农产品供应链整合的主要形式与典型特征

（一）单渠道模式下农产品供应链整合的主要形式

单渠道模式下农产品供应链整合是指，在农产品"从田间到餐桌"流通的过程中，核心企业与其合作伙伴进行战略协作，并通过一条渠道进行农产品销售的过程。单渠道模式下农产品供应链整合主要包括五种模式。

1. 以合作社为核心的整合模式

以合作社为核心的整合模式就是在整个供应链中，合作社发挥核心企业功能并对供应链业务流程进行整合。其具体模式如图 2-1 所示。

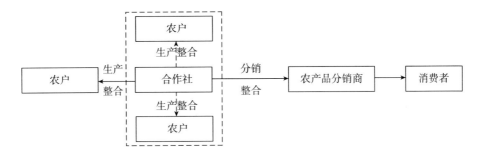

图2-1　以合作社为核心的整合模式

这种模式是以合作社为中心，在前端与农户进行生产整合，在后端与分销商进行分销整合，形成分销链条，提高供应链效率。生产整合的目的是完成对农户的整合，以集体的力量代表单个农户与其他成员谈判、交易，使农户真正分享供应链收益。分销整合的目的是通过发挥合作社的主体作用，实现与下游成员的产销衔接和流程整合。

但由于目前我国大多数合作社规模小、实力弱，实践中常采用如下具体模式：一是基于合作社联合体的整合模式。该模式的核心是建立"合作社联合体"[①]，并通过合作社联合体与下游分销商进行合作。二是基于合作社联合控股企业的整合模式。该模式的核心是建立"合作社联合控股企业"[②]，并通过合作社联合控股企业与下游分销商进行合作。

以合作社为核心的整合模式需要具备如下条件：第一，合作社要有较大的规模和相应的龙头企业作支撑，这是发挥合作社在供应链整合中的核心作用的重要基础。第二，合作社要有较强的影响力、组织能力和完善的内部治理机制。合作社要能够通过自有品牌创建扩大影响、提升实力，以品牌优势带动产销合作，以强有力的组织能力带动建立产销利益共同体，以完善的内部治理机制实现内部高效运行和合理的利益分配，这是以合作社为核心的供应链整合的关键。

---

①　这类"合作社联合体"在实践中可采用两种模式：一是区域性合作社联合体，即在一定区域范围内，由各类农业合作社联合组建的区域性合作社联盟。二是全国性合作社联合体，即由区域性合作社联合体联合组建的全国性合作社联盟。

②　所谓"合作社联合控股企业"是指处于农产品供应链中并由合作社（或联合体）控股的龙头企业，合作社联合控股企业可通过土地经营权抵押方式从金融机构获得贷款或者通过下游分销商注资的方式组建。

2. 以加工企业为核心的整合模式

该模式是以大型农产品加工企业为中心,在前端与农户、合作社或生产基地进行购销整合,在中间与合作企业进行"产品整合"和"生产整合",在后端与农产品分销商进行分销整合(见图2-2)。购销整合可实现对合作社和生产基地的带动作用,"产品整合"和"生产整合"可以实现企业之间优势互补的战略目标,分销整合可以在产生规模经济效应的同时使农产品以最快的速度投放市场。

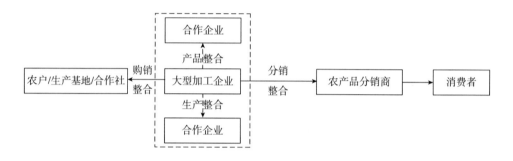

图2-2 以加工企业为核心的整合模式

以加工企业为核心的整合模式需要具备如下条件:第一,加工企业要有较大规模。具有一定规模的加工企业有较强的市场掌控力和供应链整合能力,能够在较大程度上保证合作的稳定。第二,加工企业要有较强的品牌优势。拥有知名品牌的加工企业,能够用品牌汇聚资源,将上下游的成员与加工企业连接在一起,形成长期稳定的紧密型合作关系。第三,加工企业要有较强的供应链管理能力。以加工企业为核心的供应链整合,要以加工企业较强的业务整合能力、成员协调能力、流程优化能力、信息共享能力为基础,以更好地管理整个农产品供应链。

3. 以营销企业为核心的整合模式

该整合模式通过营销型农业企业①(或集团)在前端与农户/基地/合作社

---

① 营销型农业企业指为与"供过于求"的农产品市场格局相适应,以提高营销率为企业核心目标、以营销力为企业核心竞争力、以营销型管理体制为特征、以营销型理念为企业管理理念的新型农业企业。它具有资金周转要求高、以营销理念而不是以生产理念为核心、能够独立完成农产品价值链的特征(王杜春,2007)。

进行购销整合，在中间通过同业或异业合作①与农业或非农营销企业进行横向协作，在后端与农产品分销商进行分销整合（见图2-3）。

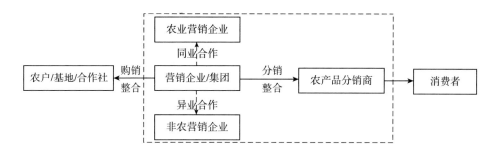

图2-3　以营销企业为核心的整合模式

以营销企业为核心的整合模式需要具备如下条件：第一，与以加工企业为核心的整合类似，营销企业要有品牌优势。第二，营销企业要有发达的终端客户系统和物流配送系统。终端客户系统，使产品能够广泛覆盖市场，配送系统能够及时、快捷地将产品送到消费者手中，满足消费者需要。

4. 以大型批发商为核心的整合模式

该整合模式的核心是在整个农产品供应链中，由"大型农产品批发商"②发挥核心企业作用并实施对整个供应链的整合。"大型农产品批发商"能够发挥其"两头延伸、产销对接、贯穿全链"的作用，进而提高农产品供应链效率（见图2-4）。

---

① 异业合作主要是指不同行业的市场主体在竞争压力越来越强的市场经营中，为形成必要的规模效应及商业信息网络，通过协作的方式组成的利益共同体。异业合作的主体间并非上下游的垂直关系，而是双方具有共同行销互惠目的的水平式合作关系。异业合作的组建要以合作对象之间对各自品牌的知名度、美誉度、信息度的相互认可为先决条件。异业合作可以减少渠道的重复建设，将原先各异业行业平行建设的供应链交叉互通，成员间可以互为促进、互为营销平台，实现资源、信息共享，并增加成员主业产品的附加值。

② 构建"大型农产品批发商团"是指要形成一批资本规模和销售规模庞大、市场覆盖面广并具有现代化经营管理水平的地区性或全国性农产品批发集团（企业航母），并以它们为主导来整合农产品供应链，提高供应链效率和效益。

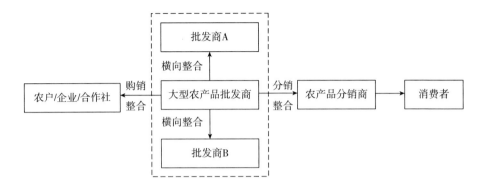

图2-4 以大型批发商为核心的整合模式

从纵向来看，大型农产品批发商通过前向一体化向生产领域延伸和后向一体化向消费领域延伸，对农产品产供销各环节进行了整合，促进了供需对接和供应链一体化运营。从横向来看，大型农产品批发商通过与其他批发商横向联合，不仅能够促进资源的整合、共享，还能够利用公用的销售网络实现规模经济，增强供应链一体化程度。

以大型批发商为核心的整合模式需要具备如下条件：第一，批发商要有较大的规模和组织化程度。较大的规模和组织化程度能够保证批发商拥有协调合作关系的能力。第二，批发商要有突出的物流能力。具有较强物流能力的批发商能够提高农产品从农户向消费者的流通效率，降低流通成本。第三，批发商要有现代化的信息平台。信息平台通过在上游生产商（农户/企业/合作社）、下游零售商间嵌入信息系统，能够提高批发商整合供应链的能力和效率。

5. 以大型超市为核心的整合模式

该整合模式强调由大型超市发挥供应链核心企业作用并实施对整个供应链的整合（见图2-5）。超市的存在减少了中间环节，有利于降低供应链运营成本，能够对消费需求做出快速响应。

以大型超市为核心的整合模式需要具备如下条件：第一，超市要有比较雄厚的资金实力、强大品牌优势和丰富的渠道资源。雄厚的资金实力、强大的品牌优势和良好的市场开拓能力是进行以超市为核心的供应链整合的必要条件。第二，超市要具备比较完善的物流配送系统。为了及时响应消费者需求变化，超市必须拥有完善的物流配送系统，建立和完善现代化的配送中心是成功实施

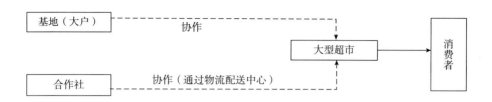

图 2-5　以大型超市为核心的整合模式

该整合模式的关键环节。第三，超市要建立现代化的信息平台。信息平台有利于在供应链内部形成信息化的交流机制，能够提高供应链成员间的交易效率。

（二）单渠道模式下农产品供应链整合的典型特征

单渠道模式下农产品供应链整合具有以下特征：

第一，以核心企业为中心进行整合，核心企业统领、管理、协调整个供应链，农产品主要通过分销商进行销售，流通渠道单一且长而窄，市场范围极其有限，难以形成规模化的生产和营销安排。

第二，强调产能驱动（以生产驱动消费）而非需求驱动，并非常注重计划性，核心企业通常是按照计划进行采购、生产、加工、储存、配送等，供应链端与端之间的流程主要是通过计划、寻源、仓储、交付等固定方式进行，供应链需求响应能力较低，时常供需分离。

第三，供应链整合运作模式通常采用"推式"策略，核心企业通过单一渠道逐级将农产品推向终端，此时企业和分销商都处于被动应对需求变化的境地，供应链整体协同性低（刘瑞涵，2009）。

第四，供应链运营重视传统仓储管理，注重交付网络构建，在此情形下，供应链的形态是线性链状结构，连接效率和灵活度较低。同时，整个供应链存在信息网络断层和信息孤岛现象，成员之间信息共享程度较低，协同运作的难度较大，供应链抗风险能力较差。

第五，供应链主要围绕核心企业创造价值和分配价值，核心企业往往只追求自身利益的最大化，忽视合作伙伴（如农户、消费者）的利益，由此导致断链现象比较普遍。

三、多渠道模式下农产品供应链整合的主要形式与典型特征

（一）多渠道模式下农产品供应链整合的主要形式

多渠道模式下农产品供应链整合，是指在农产品"从田间到餐桌"流通的过程中，核心企业与其合作伙伴进行战略协作，并通过两条或两条以上销售渠道，且每条渠道独立完成所有分销功能，将农产品从生产者转移到消费者的过程。多渠道模式下农产品供应链整合是在单渠道模式下农产品供应链整合基础上，通过拓宽渠道宽度、增加多渠道零售组合来提升供应链整体获利空间。

目前，农产品流通领域的多渠道形式总体上包括线下渠道和线上渠道两大类。线下渠道主要包括专营店、直销店、连锁店、超市、周末市场等传统零售渠道，也包括会员制、订单制、配送制、专卖制等个性化渠道。线上渠道主要包括电商平台、微信、微博、微店、抖音、订阅号等网络化和社交媒体渠道。多渠道模式下农产品供应链整合形式如图2-6所示。

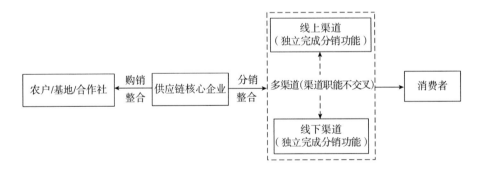

图2-6 多渠道模式下农产品供应链整合

其中，基于线下渠道的供应链整合与前述的单渠道模式下供应链整合无太大差异。基于线上渠道的供应链整合主要是核心企业在前端与基地/农户/合作

社进行购销整合，在后端与社交电商平台（如阿里巴巴与新浪微博两大平台组建的社交电商平台）进行分销整合，完成所有渠道功能，从而建立快速、高效的农产品供应链体系。消费者通过社交电商平台与供应链核心企业建立连接，其需求信息通过协同工作系统共享给供应商，核心企业通过成员间的业务协同完成产品的供给和配送（张旭梅等，2018）。总之，基于线上线下多渠道模式的供应链整合，既为核心企业提供了不同的销售场景，也带来了多样化的零售渠道，提高了农产品供应链整体效益。

多渠道模式下的农产品供应链整合需要具备如下条件：第一，核心企业必须有很强的多渠道管理和多渠道控制能力，以避免渠道冲突。第二，核心企业要有完善的物流配送体系，支持线上或线下农产品采购系统、库存系统、退货系统。第三，核心企业要建立完善的信息化系统和高效的多渠道业务体系，一方面实现对"从田间到餐桌"全过程、可溯源的信息化管理；另一方面为消费者提供不同的购买场景。

（二）多渠道模式下农产品供应链整合的典型特征

多渠道模式下农产品供应链整合具有以下特征：

第一，仍然是以核心企业为中心进行整合，只是流通渠道从单一向多元转化，满足了多样化的消费需求，一定程度上拓展了市场空间。

第二，仍然强调产能驱动和"推式"供应链策略，但由于线上渠道地域覆盖广、消费时间更灵活，因此供应链需求响应能力有所增强。同时，由于线上线下渠道是平行存在的，独立完成所有分销功能，库存和业务体系并不互通，因此供应链运行成本较高。

第三，线上渠道有着高度依赖冷链物流的特性。不完善的冷链物流体系容易导致产品变质，不仅会给线上渠道带来巨大的退货成本，而且还会大幅度降低客户的消费体验水平和重复购买意愿（刘刚，2019）。

第四，供应链的形态逐渐从线性链状结构向网状结构转变，连接效率和灵活度有所增强，但由于多条渠道并行运行，协同运作的难度仍然较大，供应链抗风险能力仍然不强。

第五，由于线上线下渠道不协同，容易引起冲突，特别是线上渠道的产品价格可能会在一定程度上优于线下渠道，这会带来渠道的冲突和侵蚀（Cannibalization）效应，对企业多渠道供应链管理提出了较大挑战。

四、跨渠道模式下农产品供应链整合的主要形式与典型特征

（一）跨渠道模式下农产品供应链整合的主要形式

跨渠道模式强调线上渠道和线下渠道的交织，每条渠道完成渠道的部分功能而非全部功能，消费者能够进行跨渠道交互购买，并获得一致的购物体验（李飞，2013）。跨渠道模式的核心是强化、协同、互惠和互补（Lee and Kim，2010）。

跨渠道模式下农产品供应链整合，是指在农产品"从田间到餐桌"流通的过程中，核心企业与其合作伙伴进行战略协作，并通过整合两条或两条以上渠道，且每条渠道完成部分功能，将农产品从生产者转移到消费者的过程。跨渠道模式下农产品供应链整合的主要形式与多渠道模式下相似，只不过在跨渠道模式下的整合中，各渠道只完成部分功能，而不完成全部功能，渠道之间是交互协同和互惠互补的（渠道职能的"专业化"）。例如，线上支付，线下取货。跨渠道模式下农产品供应链整合形式如图2-7所示。

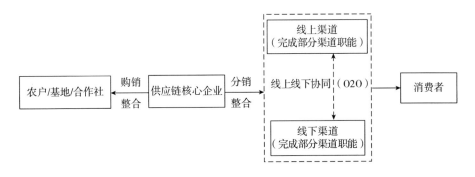

图2-7 跨渠道模式下农产品供应链整合

在跨渠道供应链整合中，核心企业在前端与基地/农户/合作社进行购销整合，在后端与线上线下渠道进行分销整合，从而建立快速、高效的农产品供应链体系。其中，线上线下渠道资源的整合和交互协同，使供应链一体化程度和消费者购买的便利性大幅度提高，充分展现了线上线下融合的价值。

对供应链而言，一方面，线上线下融合有助于将各渠道库存与客户需求进行匹配与重组，促进产销衔接；另一方面，线上线下融合还可以促进商流、物流、信息流的高效畅通，并通过业务流程优化、数据共享方式打通供应链各环节的信息孤岛，开展线上线下协同采购、协同物流、协同管理，进而提高供应链需求响应能力。对消费者而言，线上线下融合使他们既可以在线下实体店进行选购，也可以在体验中心进行消费体验，直接线下购买或者经过亲自体验后转为线上购买，并选择自提或物流众包方式将农产品送到指定地点，极大地提升了消费者购买的便利性。

跨渠道模式下农产品供应链整合本质上是在线上线下渠道有机集成的基础上，围绕消费体验和顾客价值所进行的供应链流程和职能整合，体现了以消费者需求为出发点、以跨渠道营销逆向驱动供应链整合的过程。

与多渠道供应链整合类似，跨渠道模式下的农产品供应链整合需要具备如下条件：

第一，核心企业必须有很强的跨渠道管理和控制能力，避免因消费者跨渠道迁徙和供应链成员跨渠道搭便车导致成员之间的矛盾和冲突，控制由渠道之间的冲突和侵蚀效应给企业带来的消极影响（庄贵军等，2019）。

第二，核心企业必须建立完善的大数据分析系统和高效的跨渠道业务体系，一方面通过大数据分析技术整合线上需求大数据和线下体验大数据，促进供应链各环节间信息高度共享，提升供应链透明化程度；另一方面以线上线下融合增强供应链服务能力，促进顾客服务整合，为消费者提供一致性购买体验。

第三，核心企业要有完善的物流配送体系，特别是要能够联合线上线下物流信息，科学管理农产品采购系统、库存系统、退货系统，从而满足消费者便捷化、个性化、时效性的农产品物流服务需求。

(二) 跨渠道模式下农产品供应链整合的典型特征

跨渠道模式下农产品供应链整合具有以下特征：

第一，以消费者为中心进行整合，注重需求驱动，采取的是"推拉混合式"供应链运营策略。"推"强调以大规模销售形成规模经济。"拉"强调根据订单信息，安排农产品生产、加工及配送，实现对消费需求的快速反应。

第二，注重通过线上线下渠道协同，将线上线下需求信息逆向传递至上游供应商，并推动供应商与电商综合服务平台、商超等迅速建立供应链体系，打通品牌农产品上行通道，促进产供销一体化，体现了以跨渠道营销逆向驱动供应链整合的过程。

第三，供应链的形态更加网络化，系统运行更加生态化，供应链通过信息的多元化共享、线上线下多渠道集成和成员之间的多主体协调，连接效率和灵活度得到了进一步增强，成员之间网络化合作更加紧密，供应链越发强调以实现顾客价值增值为目标来设计整合方案和分配各方利益。同时，由于线上线下渠道是一体的，线上交易信息和线下体验信息是充分共享的，库存和业务体系是相互协同的，因此，供应链响应能力和抗风险能力也得到了明显提升。

第四，由于渠道功能的分散性和跨渠道整合方式的多样性[①]，消费者能够进行跨渠道交互购买，获得一致性购物体验。同时，尽管设立体验中心导致成本增加，但能够换取消费者购买意愿、支付意愿的提高，因此，增强了消费者重复购买黏性。

五、传统渠道模式下农产品供应链整合的差异比较

对比单渠道、多渠道和跨渠道模式下农产品供应链整合形式和特征可以看出：总体而言，三种渠道模式下农产品供应链整合均体现的是"外部环境变

---

① 跨渠道整合方式的多样性是指分散的渠道功能在被整合成统一整体的过程中，可以通过多种方式来实现。比如，方式可以是线上线下的信息和服务保持一致，也可以是线上线下渠道的优势互补，还可以是不同渠道之间相互协同或协作（庄贵军等，2019）。

动"与"供应链变革重构"之间的"客观影响和主动适应"关系（赵晓飞和李崇光，2012）。它既是供应链系统不断进行自我调整以动态适应外部环境变化过程，也是在特定的供应链发展阶段、技术发展水平、组织资源约束下，各供应链主体基于环境适应性和自身利益最大化所做出的理性选择。

但由于消费者购买模式的变化和信息技术应用程度不同，三种渠道模式下的农产品供应链整合在供应链驱动力、供应链运作模式、供应链管理方式、供应链形态、供应链价值创造模式等方面也表现出一定的差异。单渠道和多渠道模式下农产品供应链整合更加强调产能驱动、推式供应链运作，均围绕核心企业创造价值，注重交付网络构建和市场范围拓展，供应链形态分别是串行和并行链式结构，需求响应能力较弱。而跨渠道模式下农产品供应链整合更加强调需求驱动、推拉混合式供应链运作，围绕客户创造价值，注重大数据技术应用和提升消费体验，供应链形态是准并行网状结构，需求响应能力相对较强。传统渠道模式下农产品供应链整合的差异比较如表2-1所示。

表2-1　传统渠道模式下农产品供应链整合的差异比较

整合模式 特征变量	单渠道模式下供应链整合 （1990~1999年）	多渠道模式下供应链整合 （2000~2009年）	跨渠道模式下供应链整合 （2010~2011年）
供应链驱动力	产能驱动	产能驱动	需求驱动
关键技术	传统仓储管理	信息化系统+ 多渠道业务系统	大数据分析系统+ 跨渠道运作系统
供应链管理方式	集成化供应链管理	差异化供应链管理	协同化供应链管理
供应链形态	串行链式结构	并行链式结构	准并行网状结构
实现目标	交付网络构建	拓展市场空间	提升消费体验
供应链运作模式	推式	推式	推拉混合式
供应链价值创造模式	围绕核心企业创造价值	围绕核心企业创造价值	围绕客户创造价值
供应链需求响应能力	弱	较弱	较强

资料来源：笔者整理。

六、传统渠道模式下农产品供应链整合的一般规律

从传统渠道模式下农产品供应链整合的过程可以看出，尽管它们在主要形式、典型特征、适用条件等方面存在差异，但其在整合过程中也存在一些共同点，具体表现为：

第一，以客户需求为中心。突出需求导向和以客户为中心是农产品供应链整合的基本原则。这一原则一方面要求农业企业根据顾客需求特点，对客户进行分类，以顾客价值主张来设计整合方案，然后用不同的"供应链"来满足客户个性化需求；另一方面也要求农业企业要及时捕捉市场需求信号并以市场需求信号驱动农产品采购生产计划，确保企业资源分配与市场需求匹配。

第二，相机抉择供应链整合模式。由于农产品供应链整合模式是在特定市场环境、技术发展水平、组织资源约束下，各供应链主体基于外部环境变化和自身利益最大化所做出的理性选择，因此，供应链各方，特别是核心企业，不能简单地照搬某种整合模式，而应根据市场供求趋势、自身资源条件、成员间合作密切程度及信息连接方式等，相机抉择供应链整合模式①。

第三，重视支撑体系建设。农产品供应链整合离不开支撑系统配合，如农产品物流配送中心、信息化平台、大数据分析系统、跨渠道作业系统、电子商务系统等。这些支撑系统能够为供应链整合注入新的技术手段和经营方式，特别是信息平台建设，一方面打通了各个渠道之间的信息壁垒，促进了供应链全过程信息共享，提升了农产品流通效率；另一方面推动了传统农产品供应链"聚链成网"，增强了成员间的合作化水平和供应链可视化程度，提升了供应链响应能力。

第四，注重供应链协同。供应链协同是供应链有效整合的关键。供应链协

---

① 刘瑞涵（2009）将农产品供应链整合运作模式分为三大类：第一类是基于供求趋势的供应链整合模式，包括"推式""拉式""推拉混合式"；第二类是基于供应链节点间合作密切程度的供应链整合模式，包括众多主体间参与而相互选择的随机型模式、基于农户高度自组织的自助型模式、基于稳定合作的计划型模式、基于交易伙伴密切合作的准时制模式；第三类是基于供应链节点间信息链接方式的整合模式，包括直接整合模式、利用第三方整合模式、基于信息中心的企业协同整合模式。

同不仅有助于将产能、原材料供应、各渠道库存与客户需求进行匹配与重组，促进产销衔接，而且可以促进商流、物流、信息流的高效畅通，并通过业务流程优化、数据共享等方式，更好地实现供应链一体化运营。尤其是随着跨渠道的发展，农产品供应链成员之间越来越依赖信息平台实现业务系统对接集成，以数据共享方式打通供应链各环节的信息孤岛，开展线上线下协同采购、协同物流、协同管理，进而实现供应链一体化运作，并为消费者提供一致的消费体验。

第五，注重核心企业的引领作用。核心企业是实施农产品供应链整合的主要力量。核心企业一方面通过产销联盟、互助联销、共同营销等方式增强了对产销一体化渠道建设的引领作用，提高了供应链集成化水平；另一方面也通过协同合作机制和信息平台形成了一个高度组织化、高度集中化的供应链网络，提高了农产品流通效率。

本章小结

本章按照零售渠道变革的演化历程，动态梳理了单渠道、多渠道和跨渠道三种传统渠道模式下农产品供应链整合的主要形式和典型特征，并从多维角度比较了三种渠道模式下农产品供应链整合的内在不同，在此基础上，揭示了传统渠道模式农产品供应链整合的一般规律。

本章研究认为，单渠道模式下农产品供应链整合是指在农产品"从田间到餐桌"流通的过程中，核心企业与其合作伙伴进行战略协作，并通过单一渠道，将农产品从生产者转移到消费者的过程。单渠道模式下农产品供应链整合的形式主要包括以合作社为核心的整合模式、以加工企业为核心的整合模式、以营销企业为核心的整合模式、以大型批发商为核心的整合模式、以大型超市为核心的整合模式。多渠道模式下农产品供应链整合是在单渠道模式下农产品供应链整合基础上，通过线上线下渠道独立完成所有分销功能，来提升供应链整体获利空间。而跨渠道模式下农产品供应链整合是指核心企业与其合作伙伴进行战略协作，并通过线上线下渠道融合，且每条渠道完成部分功能，将农产品从生产者转移到消费者的过程。其本质上是在线上线下渠道有机集成的基础上，围绕消费体验和顾客价值所进行的供应链流程和职能整合，体现了以消费者需求为出发点、以跨渠道营销逆向驱动供应链整合的过程。

三种渠道模式下的农产品供应链整合总体上表现为"外部环境变动"与"供应链变革重构"之间的"客观影响和主动适应"关系。它既是供应链系统不断进行自我调整以动态适应外部环境变化过程，也是在特定的供应链发展阶段、技术发展水平、组织资源约束下，各供应链主体基于环境适应性和自身利益最大化所做出的理性选择。其中，单渠道和多渠道模式下农产品供应链整合更加强调产能驱动、推式供应链运作，均围绕核心企业创造价值，注重交付网络构建和市场范围拓展，供应链形态分别是串行和并行链式结构，需求响应能力较弱；而跨渠道模式下农产品供应链整合更加强调需求驱动、推拉混合式供应链运作，围绕客户创造价值，注重大数据技术应用和供应链端到端透明，供应链形态是准并行网状结构，需求响应能力相对较强。

尽管传统渠道模式下农产品供应链整合在主要形式、典型特征、适用条件等方面存在差异，但其在整合过程中也存在一些共同点：一是强调以客户需求为中心；二是相机抉择供应链整合模式；三是重视支撑体系建设；四是注重供应链协同；五是注重核心企业的引领作用。这些一般规律对全渠道模式下农产品供应链整合具有借鉴价值。

第三章 全渠道模式下农产品供应链整合的内涵特征、社会价值及存在的问题

本章的主要目的是在分析全渠道发展对农产品供应链影响的基础上，提出全渠道模式下农产品供应链整合的内涵特征、社会价值，并剖析全渠道模式下农产品供应链整合存在的问题。

一、全渠道模式的内涵

近年来，随着体验时代的到来和移动支付的发展，传统零售模式正在发生变化，特别是互联网的快速发展使全渠道零售正成为新的发展趋势。全渠道零售是指企业为了满足消费者任何时候、任何地点、任何方式购买的需求，采取实体渠道、电商渠道和移动电商渠道整合的方式销售产品或服务，并为顾客提供一致性消费体验（李飞，2013；Verhoef et al.，2015）。全渠道零售的发展，使越来越多的农业企业开始在原有营销渠道基础上引入互联网渠道，开启了一个实体渠道、电子商务渠道、移动电子商务渠道相融合的全渠道运营模式。它具有以消费者为中心、全渠道协同、大数据驱动的特征（李飞，2013）。

首先，全渠道是通过多个销售渠道协同一致并融合交汇（线上线下渠道不是完全独立的，而是融合连通的），满足客户从了解商品、体验或感受商品、购买商品到商品送达全过程的渠道形态。此时，企业通过全渠道协同整

合，把商流、物流、信息流相结合，提高了客户响应速度。其次，全渠道模式下，客户与商品的触点是多样化的，可以无缝切换。客户可以在线上了解商品，然后在线下门店体验或感受商品，可以在线上购买，然后选择自己去门店取货，形成了全渠道消费体验的"闭环"。最后，全渠道由线上线下客户的需求驱动，围绕客群进行商品组合、仓库补货（采购）、供应商管理、物流运输等活动。此时，大数据应用和电子化场景已经不是一种特例，而是随时随地发生，消费者可以借助智能手机、虚拟现实、社交媒体等科技同时接触到多个来源的信息，企业也可以应用消费数据作为预测需求、满足需求的手段。

二、全渠道模式对农产品供应链的影响

全渠道模式的发展给农产品供应链系统带来了深刻的影响，推动着供应链的变革与转型，主要体现在五个方面。

（一）从"产能驱动"向"需求驱动"转变

传统"B2C"农产品供应链运营模式存在链条长、成员多、信息共享度低等问题，整个供应链是以产能为中心进行运作（以生产驱动消费），运营模式较为粗放，时常发生断链现象和供需分离。全渠道模式下，农产品供应链运营强调以消费者为中心，通过整合线上线下渠道资源，并采取拉式供应链运营策略，以订单驱动生产，为消费者提供无差异化购物体验（丁静和王苗苗，2021）。这就要求农业企业要改变以往产能驱动的粗放"B2C"供应链运营模式，构建以需求驱动为中心的"C2B2C"精细运营模式，打造需求精准导向型和需求快速响应型供应链。这一转变能够提高供应链响应能力和水平，更加快速地满足消费者的个性化需求。

（二）从"松散合作"向"集成整合"转变

传统农产品供应链的流程主要涉及初级农产品采购、生产加工、物流配送、终端销售等环节，但这些环节之间的合作通常是松散的，产销在时空上常常是相互分离的，供应链整体上处于一种"弱集成"局面和"粗放集成模式"状态。全渠道模式下，为快速响应消费需求，农业企业通常会将原材料采购、农产品加工、物流配送、终端销售等环节与消费者需求进行匹配和重组，促进供应端、生产端、消费端等的全面融合。此时，商流、物流、信息流在供应链各环节之间得到了优化配置和互联共享，从而推动了供应链从"松散合作"向"集成整合"转变，有效地提高了供应链的一体化运营能力。

（三）从"合作伙伴"向"生态系统"转变

传统农产品供应链主要围绕核心企业创造价值和分配价值，尽管这种利益分配模式提高了供应链的整体效率，但不可避免地会导致成员间的利益分配不合理，尤其是核心企业往往只追求自身利益最大化，忽视合作伙伴（如农户、消费者）的利益。全渠道模式下，为实现价值共创和快速响应消费需求，这就倒逼核心企业必须将以往的合作伙伴变成互生、共生、再生的利益共同体，构建互联、智能、快速的供应链运营生态系统，供应链管理工具也随之从传统的 ERP 向供应链中台转变。这种运营生态系统的构建不仅可以实现供应链各环节间的协同进化和无缝连接，提高供应链可视化、透明化程度，而且还可以通过重新定义供应链成员的角色分工，改进资源配置方式和拓展分工协作的宽度和深度，从根本上重塑供应链系统中各方的生产关系，共同创造更大的市场价值，促进供应链可持续发展。

（四）从"成本中心"向"利润中心"转变

传统农产品供应链运营关注成本的降低和效率的提高，供应链的优化主要是为了驱动成本相关 KPI 的改善。全渠道模式下，农产品供应链不仅可以通过信息技术来提升供应链在低成本高效率方面的核心能力，还可以通过生态系统触及从前接触不到的客户资源，并通过成员合作为客户提供优质的服务，推动供应链由消耗资源的"成本中心"向提供服务的"利润中心"转变。具体来说，一方面，农业企业可以通过搭建供应链协同平台，建立与客户之间紧密的合作关系，精准地把握客户现实需求，提高客户体验和服务水平，进而增强黏客能力，改善供应链绩效；另一方面，农业企业还可以通过大数据技术分析客户需求变化趋势，并根据需求变化趋势主动感知并满足客户潜在需求，进而提高获客能力，改善供应链绩效。

（五）重视全渠道能力建设

全渠道模式强调不同渠道的一致性体验，促使农业企业必然会更加重视全渠道能力建设。全渠道能力（Omni-channel Capability）是指企业为线上线下渠道提供相同水平的服务、价格、产品种类、订单交付的能力。它一般通过渠道一致性、跨渠道协同和基于社交媒体的电子商务能力三个方面进行刻画（Yumurtacı Hüseyinoğlu et al.，2018）。渠道一致性是指企业为线上线下渠道提供相同的产品价格、产品种类、产品交付、促销活动等，以保证不同渠道下产品和服务效果的一致性（Picot-Coupey et al.，2016）。跨渠道协同是指企业采取多渠道整合的方式销售产品或提供服务，使消费者能够在同一交易中使用多个渠道，它强调通过协调渠道目标和渠道设计，创造渠道协同效应的渠道管理过程（Cao and Li，2015）。电子商务能力是 IT 能力的一种表现形式，它强调企业利用互联网技术与供应商和客户共享信息、处理交易、协调活动的能力（Devaraj et al.，2007）。

从全渠道运营角度来讲，全渠道能力体现了企业的全渠道统一管理能力、跨渠道协同能力及全场景电子商务应用能力的内在统一（Akturk et al.，2018）。全渠道能力建设有助于农业企业更好地利用供应链整合来快速响应消费需求。首先，渠道一致性有助于保证农产品的价格、种类、促销及交付的一致性体验，以"产品+服务"一体化的方式更好地满足客户需求。其次，跨渠道协同能力有助于保证客户在同一交易中使用多个渠道，以线上线下联动的方式（客户群、商流、物流等联动化运行）创造渠道协同效应，满足客户任何时候、任何地点、任何方式购买的需求。最后，电子商务能力的提升有利于企业发展更高阶的组织能力，推动供应链更好地传递信息、感知市场状况和协同运作，进而快速、精准地满足客户需求（李蕾，2018）。

三、全渠道模式下农产品供应链
整合的内涵与特征

（一）全渠道模式下农产品供应链整合的内涵

目前，学术界对全渠道模式下农产品供应链整合的研究较少，相关文献主要探讨了农产品供应链整合、全渠道供应链和全渠道供应链整合的概念。赵晓飞和鲁楠（2021）将农产品供应链整合定义为：在农产品"从田间到餐桌"流通的过程中，供应链核心企业与其合作伙伴进行战略协作并共同管理组织间和组织内业务流程的程度。杜鹏等（2019）认为，全渠道供应链是指，核心企业以消费者为中心，立足于"人、货、场"，通过协调成员关系、业务流程和整合商流、物流、信息流等资源所构筑的一个功能网络。计国君等（2016）认为，全渠道供应链是指核心企业以客户为中心，通过对供应链资源的协调，并采用全渠道营销方式将产品送达消费者手中的过程，该过程致力于为客户提供一致性消费体验。相较于传统供应链，全渠道供应链具有能够实现数据信息共享、无缝对接消费需求、形成产销一体化、降低交易成本等优势（张建军和赵启兰，2019；谢莉娟，2015）。麦肯锡咨询公司（McKinsey & Company，2020）提出了全渠道供应链的七个基本模块，包括以消费者为中心的供应链战略、供应链生态系统、端到端规划和信息流、供应链节点运作、运输和物流管理、运营模式和变更管理、数字化和流程自动化。丁静和王苗苗（2021）指出，全渠道供应链整合是将全渠道模式与供应链整合结合，对线下门店、APP终端、社交平台等多种渠道进行集成融合，形成以消费者为中心、以信息平台为基础的全渠道供应链的过程。

依据上述研究，并结合全渠道模式对农产品供应链的影响，本书的研究将全渠道模式下农产品供应链整合定义为：在农产品"从田间到餐桌"流通的过程中，核心企业（链主企业）以消费需求为中心，以全渠道能力为支撑，以信息技术为手段，通过对供应链成员关系、线上线下业务流程和资源信息的整合，推动供应链从固定（Fixed）到弹性（Flexible）的转型，从而形成快速响应的供应链的过程。全渠道模式下农产品供应链整合本质上体现了以消费者需求为出发点，以全渠道营销逆向驱动供应链整合的过程。相对于传统供应链整合而言，它注重更快速的需求响应、更广泛的协同整合、更充分的技术运用。全渠道模式下农产品供应链整合形式如图3-1所示。

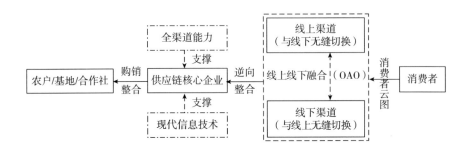

图3-1 全渠道模式下农产品供应链整合

注：OAO是指Online and Offline，即线上线下融合。

（二）全渠道模式下农产品供应链整合的特征

1. 以消费者为中心实现需求快速响应

首先，由于全渠道模式所强调的以消费者为中心使农业企业必须"全程、全面、全线"保持与消费者的接触，这就要求农业企业必须围绕消费者期望设计供应链服务水平，按照目标消费者和服务需求进行供应链流程和职能整合，构建以需求快速响应为核心的供应链，从而解决传统农产品供应链集约化程度低和响应性差的问题，并实现对不同购物场景的无缝支持。其次，由于全渠道模式要求以互动和体验促进销售转化，这就使农业企业在供应链整合中要注重服务和柔性、过程和体验，而不单追求规模经济，通过端到端的整合来快速满足消费者多样化的需求，这也与当前农产品消费升级的需求正好契合。最后，在消费者中心的主导逻辑下，农产品供应链整合还需要农业企业建立需求快速响应机制，充分重视消费者诉求（包括对安全、生态、绿色的质量诉求，便捷化、个性化的购买诉求，以及现场制作、参观、品尝的体验诉求）传递、接收通道及反馈通道，并通过构建信息平台，加强与消费者的沟通合作，使供应链网络能快速地响应消费需求。这种以需求为中心的全渠道供应链整合，可以实现三个重要价值：精准营销、准确的供应链计划、高质量的个性化服务和体验。

2. 以技术应用为手段实现成员间信息共享

全渠道模式下农产品供应链整合要求供应链成员要充分利用新一代信息技术对上下游模块商数据进行实时管理，以及时响应消费需求。这就倒逼农业企业必须推动以信息技术应用为手段的跨渠道协作和数字化连接，以促进供应链各环节间信息高度共享，实现农产品跨渠道可视、可售、可发和可退（沈朴学，2019）。一方面，通过新一代信息技术应用，打通各个渠道之间的壁垒，提升供应链透明、可视化程度，促进需求的快速响应。另一方面，通过新一代信息技术应用，改变供应链中基于信息不对称建构的单向线性组织模式，推动形成以数据分析结果为依据的供应链业务决策治理机制和以敏捷、柔性为导向的供应链快速响应机制，不断提升供应链的需求响应能力。例如，盒马鲜生通过大数据深度分析构建了大数据驱动的智慧供应链平台，根据消费端的反馈调整供给能力实现了面向供应商的自动订货，并通过开展消费者分析帮助供应商进行分析决策，极大地提高了供需匹配的精准性。

3. 以供应链协同为手段实现一体化运营

全渠道模式下农产品供应链整合强调通过供应链成员之间更广泛的协同，推动农产品流通的一体化，进而以低成本、高效率、快反应方式满足客户需求（赵晓飞和鲁楠，2021）。一方面，供应链协同有助于将产能、原材料供应、各渠道库存与客户需求进行匹配与重组，促进产销衔接。另一方面，供应链协同还可以促进商流、物流、信息流的高效畅通，并通过业务流程优化、数据共享、智能协作等方式，更好地实现供应链一体化运营。尤其是随着全渠道的发展，农产品供应链成员之间越来越依赖信息平台实现业务系统对接集成，以数据共享方式打通供应链各环节的信息孤岛，开展协同采购、协同生产、协同物流、协同管理，从而推动全渠道供应链一体化运作。总之，未来随着数字技术逐步落地和全渠道零售的发展，农产品供应链将从"整体分离、阻隔、滞后、不连续、非实时的数据驱动"向"整体协同、畅通、即时、基于数字平台①的一体化运营"转变。

4. 以全渠道能力为支撑实现供应链绩效提升

全渠道模式下农产品供应链整合要求农业企业通过全渠道统一管理（统一产品和服务、统一价格、统一产品交付等）、跨渠道联动以及电商平台整合信息和资源，提升全渠道能力，全渠道能力建设有助于农业企业更好地利用供应链整合来快速响应消费需求，进而改善供应链绩效。第一，全渠道所强调的"全程、全面、全线"的特征，使全渠道供应链运营更加强调不同渠道的一致性体验和跨渠道协同。因此，传统供应链架构必须向全渠道供应链架构转型来应对消费需求变化，这需要农业企业加强渠道一致性和跨渠道协同能力建设。第二，全渠道运营也要求农业企业必须在以往实体渠道的基础上建立电子商务渠道和移动电子商务渠道，相应地，生产采购、物流配送、终端建设、购物服务等都要依托电商平台来开展业务，供应链也需要依托电商平台进行流程优化，以实现需求的快速响应。农业企业拥有较高的全渠道能力，这意味着其能够更好地利用全渠道统一管理、跨渠道联动以及电商平台整合信息和资源，做到线上线下融合和一体化运营，从而改善供应链绩效。但需要注意的是，这种供应链绩效的改善不能以牺牲农民的利益为条件，农产品供应链整合的有效性在一定程度上取决于农民在价值链分工中获取利益的大小。

四、全渠道模式下农产品供应链整合的社会价值

（一）微观层面：降低供应链运营成本，提高农民收入

全渠道模式下农产品供应链整合通过资源整合和流程优化，不仅能够帮助

---

① 供应链数字平台是一种集农产品生产、采购、运输、仓储保管、交易、配送于一体的数字化集成应用系统。它依靠各个环节当中的智能信息节点，应用电子标签技术、无线传感技术、GPS 定位技术、物联网技术与数据库技术，采用智能交易器，将农户、新型农业经营主体、加工流通企业等供应链各个节点串联为一个整体，通过无线传感网络、5G 网络、有线宽带网络与中央数据库相连接，对生产、加工、运输、仓储、包装、检测和卫生等各个环节进行监控和追溯，实现农产品"从田间到餐桌"的全过程、全方位可溯源的数字化管理。

农业企业完成专业化模块的协调，在执行层面达到分工与整合相统一的效果，而且还能够促进产业跨界和协同发展，加强从生产到消费等各环节的有效对接，降低农业企业和各供应链主体的综合运营成本，特别是在物流上通过信息化进行智能调拨与配送，借助信息平台进行各种资源整合，可以大幅度降低物流成本。此外，该整合依托消费端海量数据和供应链全流程数智化、信息化运作，也有助于提升供应链柔性、推进精准营销和 C2M 反向定制，这反过来能够倒逼农民优化种养结构，促进上游农业生产向消费导向型转变，增加绿色优质农产品供给，进而提高农民收入。

（二）中观层面：提升供应链协同效率，支撑农业产业转型升级

全渠道模式下农产品供应链整合通过创新发展供应链新理念、新技术、新模式，高效整合各类资源和要素，不仅能够打破传统农产品供应链中的时间障碍、地理障碍和结构障碍[①]，使农户、企业和分销商实现优势互补，提升供应链协同化水平，还能够以信息化、智能化为手段进行业务模块定制，促进供需精准匹配。由此，新一代信息技术红利将得到更加充分的释放，柔性生产、按需定制、质量追溯服务与快速反应将在农业行业中得以实现，继而推动以满足个性化、多样化消费需求为导向的农业产业转型升级。

（三）宏观层面：推动供应链现代化，适应农业高质量发展要求

全渠道模式下农产品供应链整合通过信息技术和数据要素在产供销各环节的应用，不仅能够拓宽产业分工协作的宽度和深度，促进第一、第二、第三产业融合发展，形成信息农业、智慧农业等新型业态以及更具弹性的供应链，有效提升农业供应链现代化水平，而且能够推动供应链上下游有效衔接和高效运

---

① 我国农产品供应链的结构障碍主要表现为环节多、链条长，通过整合使农产品流通的中间环节分布在一个体系中，流通过程表现为整体化、无缝化，这有利于降低甚至消除传统供应链中环节多、链条长的结构性障碍。

转，构建具有"大流通、大市场、大集团①"特征的农产品现代流通体系，为畅通城乡经济循环、促进消费升级、构建新发展格局提供有力支撑，进一步实现农业高质量发展的质量变革、效率变革、动力变革。

五、全渠道模式下农产品供应链整合存在的问题

（一）需求响应能力不足，信息平台建设滞后

农产品具有易腐性、地域性、季节性等特征，消费者需求波动性较大，因此，它在全渠道供应链整合过程中对供应链响应能力要求较高。但由于农产品供应链中的信息不畅、缺乏协同运作机制和需求响应机制，导致成员之间维持协同运作的难度较大，断链现象比较普遍，对需求变化的响应能力低等问题出现。此外，尽管信息共享平台的建设能大幅提升供应链需求响应能力，但目前我国农产品供应链信息共享平台建设还比较滞后。一方面，由于农产品供应链成员各自为政，整个供应链存在信息网络断层和信息孤岛现象，各类信息平台无法很好地对接，也没有形成一个统一规划的信息网络平台，不能实现信息资源的高效共享。另一方面，由于供应链成员在信息平台建设上采用的标准不同，致使在数据收集、数据呈现、数据管理等方面出现不统一、不规范的现象，阻碍了平台建设（王慧颖和文风，2017），并由此导致整个农产品供应链需求响应能力不足、韧性提升受限、运行效率低下。

（二）成员关系松散，组织化程度较低

我国农产品供应链上游多以"小农生产"为主，中游多以多级中间商为主，下游多以农贸市场为主，超市、电商齐头并进。这种"上下游极度分散+

---

① 所谓"大流通"，主要是指通过整合形成生产、流通、消费之间有效的互动传导机制，使流通真正成为融商流、物流、信息流、资金流于一体的有机体系。所谓"大市场"主要是指通过区域市场间的整合，打破地区封锁，消除各种形式的地方保护主义和区域贸易壁垒，以形成全国统一市场。所谓"大集团"，是指通过整合形成一批资本规模和销售规模庞大、市场覆盖面广、具有现代化经营管理水平的全国性农产品加工、流通集团，并让它们来主导农产品生产、流通。

中游多层级"的农产品供应链，生产经营分散，组织化程度较低，不能满足消费者高频、分散、便利性购买需求。产生的原因具体来说，一是处于上游环节的农民组织化程度低（具有分散经营特点），而大多数农民合作社也属于松散型的联合，普遍存在经营规模小、带动能力弱的问题，不能有效地组织成员进行生产和销售，导致农产品供应链上游极度分散。二是龙头企业数量少，尤其是大型农业龙头企业更是屈指可数①，导致对供应链整合、组织能力不强。三是零售终端建设不足。大型超市、连锁便利店和品牌直销店、配送中心等现代流通主体发育不完善，规模不够，品牌影响力低，导致供应链的集约化程度不高，不能满足全渠道消费者日益升级的消费需求（如消费安全和购买便利）。

（三）供应链协同性低，缺乏全渠道运营能力

全渠道农产品供应链整合强调通过供应链协同，让顾客在任何时间、任何地点，采用任何方式都能购买到满意的农产品，并且获得一致性的购买体验。这一方面需要加强农产品供应链成员之间的协同来推动农产品流通的一体化，另一方面需要提升核心企业的全渠道运营能力为消费者提供一致性购物体验。然而，由于我国农产品供应链存在各自为政、信息不畅、信任缺失、关系不稳等问题，导致供应链合作松散，整体协同性低。此外，由于我国农产品供应链存在严重的产销分离现象②，弱化了生产端与销售终端之间的关联性，不能形成紧密型的合作关系，也导致供应链集成度低，协同性不强。在全渠道运营能力方面，由于不少农业企业尚没有建立起全渠道供应链中台，不能同步对接线上线下渠道来开展集中统一的全渠道运营，尤其是在全域营销（明确客群定位+多渠道精准触达+自动化、精细化营销）、多场景消费、全渠道自营电商、体验数字化等全渠道运营关键要素方面建设不力，存在电子渠道营销能力、数字化服务能力、客户需求洞察能力、营销触点获取能力不足的问题，制约了全渠道农产品供应链整合。

---

① 根据农业农村部农业产业化办公室数据，截至 2020 年底全国销售收入过百亿元的大型农业产业化龙头企业仅有 49 家，集团化的农批市场占比不足 5%。

② 比如"农户+批发商"和"农户+龙头企业"等，在解决"小农户"与"大市场"的矛盾中发挥了一定作用，能够在一定程度上提高农户和企业的收益，但这种关系本质上还是一种产销分离状态。

（四）信息利用较低，物流追溯能力较弱

长期以来，信息利用率低使农产品供应链成员间难以有效连接，供应链各环节未能形成灵活高效的集聚互动格局。其主要体现在两个方面：一是供应链成员都以自身利益最大化原则参与合作，合作化水平较低，难以实现信息的充分交流，存在信息沟通不畅、数据资源无法共享等问题。二是供应链上信息繁杂，各成员间信息接收处理能力存在差异，这些容易导致跨级信息传递失真问题。信息利用率低在以批发市场和零售企业为核心的供应链中表现得尤为突出。第一，传统农产品批发市场缺乏大数据、云计算等相关技术平台的支持，生产者或种植户收集市场需求信息困难，难以形成以消费需求为导向的信息供给机制（赵晓飞和付中麒，2020）。第二，由于新一代信息技术在农产品零售企业的应用匮乏，零售商无法利用交易数据进行高效决策，尤其是无法识别高价值顾客，无法精准分析影响消费者购买决策的因素（赵晓飞和付中麒，2020）。信息利用率低和数据共享不足也导致农产品供应链物流追溯能力较弱。这不仅容易造成农产品的积压，引起质量安全问题①，影响消费者购买体验，而且也难以实现在保障农产品新鲜度的同时快速响应消费者需求。

本章小结

本章在分析全渠道发展对农产品供应链影响的基础上，提出了全渠道模式下农产品供应链整合的内涵特征，并剖析了全渠道模式下农产品供应链整合存在的问题。本章研究认为，全渠道模式本质在于通过线上线下渠道的融合，快速响应消费需求；它具有客户中心、全渠道协同、大数据驱动的特征。随着全渠道模式的发展，农产品供应链系统呈现从"产能驱动"向"需求驱动"转变、从"松散合作"向"集成整合"转变、从"合作伙伴"向"生态系统"转变、从"成本中心"向"利润中心"转变的趋势，同时也更加重视全渠道

---

① 据农业农村部市场与信息化司联合农业农村信息中心发布的《2021 全国县域农业农村信息化发展水平评价报告》抽样调查显示，2020 年通过接入自建或公共农产品质量安全追溯平台，实现质量安全追溯的农产品产值占比仅为 22.1%，其中，东部地区为 28.9%，中部地区为 18.7%，西部地区为 15.6%。

能力建设。基于此，本章研究指出，全渠道模式下农产品供应链整合强调以消费需求为中心、以全渠道能力为支撑、以信息技术为手段的农产品供应链成员间的协调与协作，本质上体现为以全渠道营销逆向驱动农产品供应链整合的过程。相对于传统供应链整合而言，它注重更快速的需求响应、更广泛的协同整合、更充分的技术运用。全渠道模式下农产品供应链整合的社会价值主要体现在微观层面降低供应链运营成本，提高农民收入；中观层面提升供应链协同效率，支撑农业产业转型升级；宏观层面推动供应链现代化，适应农业高质量发展要求。全渠道模式下农产品供应链整合面临的主要问题是需求响应不足，信息平台建设滞后；成员关系松散，组织化程度较低；供应链协同性差，缺乏全渠道运营能力；信息利用较低，物流追溯能力较弱。因此，推进全渠道模式下农产品供应链整合应结合全渠道模式发展对供应链的影响，并针对存在的问题，从多个层面对农产品供应链进行深度重构，推动形成快速响应需求的供应链。

第四章　全渠道模式下农产品供应链整合的理论分析框架

本章研究的主要目的是针对全渠道模式下农产品供应链整合的运作特点和存在的问题，构建供应链整合的理论分析框架，探讨全渠道模式下农产品供应链整合的驱动因素、过程机理和影响结果。

一、框架构建与理论基础

全渠道模式下农产品供应链整合本质上体现为以全渠道营销逆向驱动农产品供应链整合的过程。推进全渠道模式下农产品供应链整合必须针对存在的问题，并考虑农产品自然属性特征、农产品供应复杂性与农产品供应链整合之间的匹配关系，以消费需求为核心、以全渠道能力为支撑、以信息技术为手段、以打造全渠道供应链生态系统为目标，从组织层面、资源层面、信息层面对农产品供应链进行深度变革与重构，推动供应链从固定到弹性的转型，从而形成快速响应的供应链，并持续改善供应链绩效。基于此，本章构建全渠道模式下农产品供应链整合理论框架（见图4-1），分析全渠道模式下农产品供应链整合的驱动因素、过程机理和影响结果，并探讨它们之间的相互作用关系。

该理论框架主要是以资源基础观（Resource-Based View，RBV）和组织能力理论（Organizational Capability Theory，OCT）为理论基础。RBV认为，企业的资源包括有形资源（如设备、厂房、技术、土地等）和无形资源（如企业的声誉、信息、组织过程，以及与客户、供应商或其他利益相关者的关系等）。企业成长的关键是通过资源整合形成资源壁垒地位（资源独特性和难以复制性），从而获得竞争优势。RBV 为企业制定资源战略以提高效率（如质量改进、响应性增强），进而为获得更好的绩效奠定了理论基础（Barney，2012）。OTC 认为，动态能力是影响及决定企业竞争优势的关键因素（Grant，1996）。企业通过动态能力的培育，有助于满足顾客日益变化的需求，当这种动态能力被恰当地应用于企业业务流程改造时，就会显著提升企业绩效。将 OCT 应用于此，农产品供应链整合可被视为农业企业通过内部协同及与供应链合作伙伴的外部协作，以提升动态能力的一种手段，这种动态能力有助于农业企业与供应链合作伙伴形成集成化的业务流程，从而促进供应链绩效的改善。因此，RBV 和 OCT 为本章研究提供了一个合适的理论视角，能够很好地解释企业资源、能力特征与绩效之间的关系。

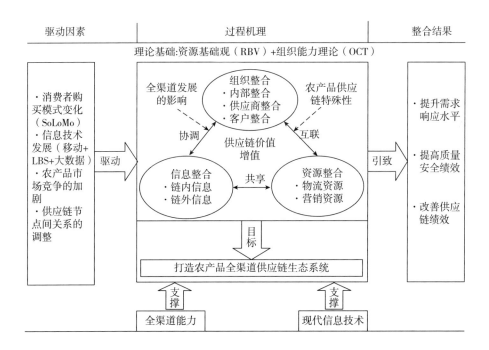

图 4-1　全渠道模式下农产品供应链整合理论框架

二、全渠道模式下农产品供应链整合的驱动因素

（一）消费者购买模式的变化（SoLoMo）

消费者购买模式是指消费者在购买活动中所形成的一种相对稳定的购买形态。随着互联网和移动社交媒体的发展，消费者购买模式正在从传统的 AID-MA 模式向 AISAS 模式和 ISMES[①] 模式转变（秦姝姝，2018）。此时，消费者购买行为变得更加社会化（Socialization）、本地化（Localization）和移动化（Mobilization），这种社会化、本地化、移动化的 SoLoMo 网络化购买模式驱动供应链不断重构与整合。首先，在网络环境下，消费者既是产品的购买者也是信息的生产者和传输者，他们之间通过社交化网络沟通形成网络口碑，促使企业建立与消费者的多元化互动，推动形成以消费者为中心的供应链运作体系。其次，在网络环境下，消费者获取信息能力增强，消费者可以通过应用程序定位自己所在的位置，搜索附近消费场所，寻找便捷的行车路线，推动形成以本地化为主导的供应链运作模式。再次，在网络环境下，消费行为更加移动化，商品和服务都可以依托智能手机和社交媒体平台跨越线上线下渠道，无缝衔接到消费者手中，推动形成"体验+营销"双向螺旋的供应链服务体系。最后，在网络环境下，消费者购买行为的主动性增强，个性化特征越发明显，这必然会促使核心企业越发重视个性化供应链体系建设。

就农产品消费而言，追求安全、生态、便捷和个性化的购买服务日益成为消费者的主流选择，这推动着农产品供应链的不断重构与整合。一方面，消费者参与社交媒体分享，进行口碑传播，使农业企业越来越重视通过供应链整合为消费者提供优质的农产品，从而提升消费满意。另一方面，消费者对安全、

---

① AIDMA 是由注意（Attention）、兴趣（Interest）、欲望（Desire）、记忆（Memory）、行动（Action）等英文单词首字母组成的缩略词；AISAS 是由注意（Attention）、兴趣（Interest）、搜索（Search）、行动（Action）、分享（Share）等英文单词首字母组成的缩略词；ISMES 是由兴趣和互动（Interest & Interact）、搜索（Search）、移动支付（Mo-payment）、体验（Experience）、展示（Show）等英文单词首字母组成的缩略词。

生态、绿色的消费诉求也促使农业企业越来越重视农产品供应链质量整合，推动以提升消费体验为核心的全渠道供应链不断发展。

（二）信息技术发展（移动+LBS+大数据）

信息技术的影响主要体现在移动互联网技术、基于位置的服务（LBS）、大数据等新技术的应用，为农产品供应链整合提供了强有力的支撑。首先，移动互联网技术应用可以完全实现基于网络的农产品消费，彻底改变消费者获取农产品的方式，极大地提升了购物体验。其次，基于位置的服务通过冷数据画像及热数据投放，能够在合适的时间、地点和场景，把合适的产品信息推送给合适的消费者，实现农产品精准营销。最后，大数据技术与农产品供应链的深度融合，有助于实现需求的精准预测、资源的敏捷获取、信息的高度共享，并推动形成以数字化管理为核心的农产品安全流通系统[1]，保障农产品质量安全。大数据技术的应用，还有助于优化农产品仓储布局、运输路线和物流配送方案[2]，提高农产品物流效率。

总之，现代信息技术的应用能够不断为农产品供应链运营注入新的技术手段，极大地促进供应链成员之间信息的互联互通，提升供应链的透明化、可视化程度，从而推动全渠道供应链整合。

（三）农产品市场竞争程度的加剧

随着消费需求的不断升级，农产品市场竞争变得越发激烈。此时，评价供应链的优劣已不能仅仅局限于成本指标，而应该着眼于供应链响应速度和供应链弹性指标。为应对市场竞争加剧的现实，尽力满足消费者的个性化需求进而

---

[1]　借助大数据收集和分析功能，建立农产品生产、加工、配送等信息资料库和产品质量追溯系统，对农产品供应链中生产、加工、消费等环节的信息进行采集、融合、处理，能够实现供应链的各环节全节点的动态追踪以及"从田间到餐桌"的全过程、全方位可溯源的数字化管理，若有农产品出现质量安全问题，通过数据分析对比能够找出出现问题的环节，并对经过该环节的农产品发出预警信息。天猫、京东等已开始利用大数据保障食品溯源，并建立了以数字化管理为核心的农产品安全流通系统。

[2]　一方面，通过大数据聚类算法分析商品之间的关联度，通过大数据关联规则、Web数据挖掘技术指导品类管理和仓储设置，有助于优化农产品仓储管理和仓储布局。另一方面，大数据分析技术能够将物流环节的数据进行分类和整合，配合天气因素、交通因素等数据进行分析，自动编排送货线路，从而降低农产品物流成本，提升农产品配送效率。

争取更大的市场份额，农业企业必然会加速对传统农产品供应链的整合重构，以消费者需求为导向构建关键流程，以全渠道融合推动传统供应链向全渠道供应链转型（丁静和王苗苗，2021）。这一转型，一方面有助于农业企业应对日益个性化的市场需求和高度不确定的竞争环境，提高农产品供应链响应速度、增强供应链柔性、提升供应链运行效率；另一方面也能够缩小农产品供需之间的不匹配和不同步程度、提升客户服务价值、创造新的客户资源、赢得竞争优势，进而改善供应链绩效。

（四）农产品供应链节点间关系的调整

农产品供应链节点间关系是指在农产品流通过程中，具有供需关系的节点成员在长期的交易过程中形成的一种竞合关系。当前，我国农产品供应链存在各个节点成员各自为政、关系松散、信息不畅、协同性低等问题，无法很好地满足全渠道模式下快速响应消费需求的需要。这就倒逼农业企业必须按照全渠道发展要求，对供应链节点间关系进行调整，将松散、随机的买卖关系固化为长期稳定的战略合作关系，以改变供应链集约化程度低和响应性差的问题。比如，农业企业与客户之间通过建立战略协作关系，不仅有利于及时获得农产品需求信息的反馈，提升对客户需求的深入理解和精准判断，而且有利于从组织创新、客户洞察、流程再造等方面实现资源配置与客户需求的最佳结合，进而增强企业响应需求变化的能力。农业企业与供应商之间通过构建产销联盟，不仅可以保证供应商在种植、养殖、初加工环节充分考虑市场需求，进而提高企业的采购柔性及市场响应能力，还有助于推动二者实现同步化运作，并通过同步化的供应链计划使二者在响应需求方面取得一致性行动。

三、全渠道模式下农产品供应链整合的过程机理

（一）组织整合

组织整合包含内部整合、供应商整合和客户整合。内部整合是指农业企业为满足客户需求和保持产品采购、生产和销售等方面的低成本，对其内部信

息、流程和行为进行协调与协作的过程。内部整合强调企业内部过程整合和流程管理的重要性（Flynn et al.，2010；Zhao et al.，2011）。供应商整合是指农业企业与主要供应商（合作社、生产基地、专业大户等）进行信息共享和战略协作，将他们之间的信息、流程和行为整合成合作、同步的过程。供应商整合主要涉及企业与供应商共享市场信息、生产与采购计划信息、需求预测信息，以及与供应商建立战略合作伙伴关系等（Flynn et al.，2010；Yu et al.，2013）。客户整合强调农业企业为获得市场机会，与下游主要客户（批发商、连锁超市、专卖店、农产品经营公司等）进行信息共享和战略协作，将他们之间的信息、流程和行为整合成合作、同步的过程。客户整合主要涉及企业与客户保持密切沟通、客户与企业分享市场信息和需求预测信息、企业与客户共享生产计划信息以及与客户建立战略伙伴关系等（Flynn et al.，2010；Zhao et al.，2011）。

大多数研究认为内部整合与供应商整合、客户整合之间存在积极的关系。Yu 等（2013）和 Ralston 等（2015）认为，内部整合是外部整合的先决条件，内部整合对外部整合有直接的正向影响作用。就农产品供应链而言，较高程度的内部整合意味着农业企业的信息处理能力和协调能力较强，由此能够更好地推动与供应商和客户的信息共享和战略合作。

从组织能力理论（OCT）来看，动态能力是影响及决定企业竞争优势的关键因素，能够通过组织方式创新以及资源的重整、组合、调适，支撑公司与外部成员的合作（Grant，1996）。将 OCT 应用于此，农产品供应链整合可被视为农业企业通过内部协同及外部协作以获取动态能力的一种手段，且这种动态能力有助于供应链成员之间形成集成化的业务流程。因此，当企业内部整合水平较高时，会更有能力将内部资源进行重组与优化，并通过组织创新、管理创新或流程创新的方式实现与供应商和客户的整合。

在实践领域，双汇集团成功的关键就是它通过供应链组织整合，构建了一个全渠道快反型供应链。一方面，它通过在供应链上游自建饲料厂、养殖基地，保障饲料、生猪等原材料的及时供给。另一方面，它通过利用现代信息技术帮助经销商提升业务运营能力，开拓市场。双汇集团专门为经销商量身定做了一套生鲜品智能管理系统，针对经销商在网点开发、下单送货、物流配送等方面所面临的痛点，帮助经销商提升业务管理水平，以线上线下融合的方式（Online And Offline）密切与终端消费者的联系，极大地促进了需求快速响应，增强了消费者黏性。

"水果巨头"深圳百果园实业（集团）股份有限公司（以下简称百果园）为了满足消费者对水果新鲜度、安全性的需求，在全国各地建立了 200 多个水果生产基地，搭建了 20 多个初加工配送中心，国产水果直接从基地种植采购的比例达到 90%。百果园通过建立产销平台、投资上游种植基地、组织供应商大会等方式，与上游供应商协同经营，达成了长期稳定的合作关系，促进了全渠道供应商整合。同时，为了加强对下游的控制，整合下游客户资源，百果园在经营上采用了"店长合伙制"的经营方式。所谓的"店长合作制"，就是对于一家店铺，由公司片区管理者、大区加盟商和店长多方投资，共同运营。这种店长合作制的形式，不仅可以将各个投资方的资金集中起来，避免资金短缺问题，还可以通过加强对员工的管理，最大限度地激发员工的工作热情，从而提高店铺的经营效率。

（二）资源整合

资源整合重点回答供应链资源的协调与集约使用问题，特别是物流资源和营销资源的协调和集约使用问题（纪良纲等，2016）。

物流资源主要包括仓储资源、运输资源、配送资源等。随着农产品终端销售体系逐渐向线上线下融合发展，物流一体化越来越成为实现全渠道供应链运营的关键。这就需要农业企业借助信息技术，对农产品全渠道供应链上的物流资源进行重组与整合，实现物流资源的优化配置和一体化运作，以更好地满足消费者的个性化体验需求。

营销资源整合强调农业企业围绕客户特征、消费行为与服务需求，通过发挥销售促进性资源的优势，增强农产品供应链综合效益（纪良纲等，2016）。这些销售促进性资源主要包括营销文化、营销战略与营销运作三个方面。营销文化反映了企业的认知，并且指导其行动，以消费者为中心的营销文化强调长期效应，通过综合考虑供应商、批发商、零售商及终端消费者的利益，为供应链创造一个共生、共荣、共享的环境。在营销文化的导向作用下，营销战略形成，这使农业企业在进行营销资源整合时，必须分析自身的优势、劣势及目标消费群体需求，形成自己的差异化定位，从而对供应链运作模式做出重新安排。营销运作则强调农业企业要以客户为中心，将全渠道营销资源与客户需求整合，通过发挥线上线下渠道的营销优势，为客户提供多维度、立体式体验服务，实现由全渠道营销逆向驱动供应链整合。

从资源基础观（RBV）理论来看，企业成长的关键是通过资源整合形成资源壁垒地位（资源独特性和难以复制性），从而获得竞争优势。将 RBV 应用于此，农产品供应链整合可被视为供应链成员之间通过资源的调整与配置、资源的协调与共享，促进供应链一体化运作，从而以促进需求快速响应的方式提高供应链绩效。

在实践领域，双汇集团旗下的双汇物流投资有限公司通过利用大数据、互联网等技术，搭建信息平台，对双汇集团物流资源进行了全面整合改造，实现了全渠道供应链的信息化、自动化、智能化运营。目前，该平台已经成为一个涵盖仓储、冷链、运输等多功能的综合性服务平台，为双汇集团内部业务活动以及整条供应链的高效运转提供了强有力的物流支撑。此外，双汇集团还通过对全渠道营销资源进行整合，构建了集超市、直销、代理加盟店、电子销售于一体的覆盖线上线下的全渠道销售模式，推出了数字营销、联合营销、跨界营销等新形式，极大地提高了产品的市场触达率。

百果园通过自有 APP 及第三方平台的协同运作，实现了线上接单、线下前置仓（智能货柜）配送发货的线上线下协同发力的全渠道供应链模式。目前，百果园已在全国 90 多个城市建立了 5000 余家门店、20 余个仓储配送中心及成熟的线下冷链物流体系，实现了线上和线下的规模化利润。百果园的数据资源整合主要从"人""货""场"三个方面入手。一是通过对消费者购物过程产生的数据进行追踪收集，依据数字化会员运营体系构建"百果心享""失信小飞侠"等会员体系，区分年龄、人群、购买频率、购买偏好等特征对客户进行全息画像，实现消费者信息数据化。二是运用大数据平台，实现按需定产，做好产品规划和全生命周期管理，为消费者提供品质好、新鲜度高的产品，满足了客户的个性化需求。三是在保持线下业务有序开展的同时，在线上积极开展"第三方外卖平台+自建 APP+社群+微信小程序"场景，构建数字化营销场景，实现多触点、多场景满足消费者需求，实现供应链一体化布局。

（三）信息整合

信息整合包括链内信息整合和链外信息整合。链内信息整合指农业企业对农产品供应链各节点间交易行为的信息进行整合，且这些信息主要包括采购信息、生产信息、物流信息、质量信息和需求信息等（陈占民，2015）。链内信息整合的关键是在农业企业内部和供应链成员之间建立信息共享机制和共享平台。这种方式，一方面提高了企业内部信息处理能力和协调能力；另一方面实现了与供应商共享生产计划、采购计划、质量信息、需求信息，以及与下游客户的联合规划和市场预测。当然，有条件的农业企业还可利用云计算、物联网、大数据等技术，搭建智能化、网络化信息平台，利用信息平台的链接、共享、协同功能实现链内信息整合。链外信息主要指供应链系统以外的信息，如价格信息、技术信息和宏观市场信息等。链外信息整合的关键是对以上三种信息进行收集、加工、处理与共享，并将其与链内信息相融合，有助于降低交易成本，促进供应链纵向一体化（于亢亢，2020）。无论是链内信息整合还是链外信息整合，都需要数据资源整合做保障。数据资源整合强调农业企业通过利用信息技术，将数据的产生、收集、存储、分析、共享等过程融会贯通，从而实现以需定产、以产定销。数据资源整合的关键是建立与"多样化、定制化"客户需求相适应的全渠道数据共享体系，充分发挥数据资源在全渠道供应链整合中的枢纽作用（张文，2014）。

从资源基础观理论和组织能力理论来看，信息整合使供应链系统拥有了独特的数据和信息资源，形成了资源壁垒地位，提高了供应链成员信息处理能力和协调能力，促进了组织互联和资源共享，为供应链快速响应机制构建和全渠道供应链一体化运作奠定了基础。

在实践领域，一方面，双汇集团通过运用大数据技术，构建了包括消费偏好、消费场景及消费频率等信息的消费大数据库，促进了消费者、新产品与新市场的有效连接；另一方面，双汇集团还与第三方技术公司玄讯展开战略合作，通过"大数据、云服务、平台化、移动化"技术手段，促进了生产端、销售端数据资源整合，形成了供应链终端管理可视化、市场动态实时化和消费互动常态化。

百果园十分重视现代信息技术的应用。在上游，百果园通过联合同业和异业企业成立了"优质果品产业联合会"，建立了"优果联交易平台"对供应商的信息进行整合，联合种植基地及信息技术公司成立"智果科技"公司，实现了水果种植、采摘的信息化管理。在下游，百果园集团投资建立了连锁供应链管理信息系统，帮助企业及时、准确地了解消费者需求和市场动向，为全渠道供应链一体化运营提供支撑。

（四）内外作用机理

全渠道模式下农产品供应链整合是由内外因素共同作用的结果，外部因素体现为消费者购买模式的变化、信息技术的发展、农产品市场竞争的加剧以及供应链节点间关系的调整推动着传统农产品供应链向全渠道供应链转型；内部因素体现为组织整合、资源整合、信息整合三个层面通过互联、共享、协调，推动供应链自我调整以适应外部环境变化。

第一，从外部因素来看，消费者对农产品的购买从传统的店铺购买转变为现在的"店铺+网络"购买。在此过程中，消费者购买行为的个性化特征增强，安全、生态、便捷化需求日益受到重视，都最终体现为消费者追求顾客价值最大化的过程，这是驱动农产品全渠道供应链整合最直接的推动力。但一种整合模式能否在现实中得以发展和得到广泛的认可，还要受制于市场竞争、技术应用等环境因素制约以及供应链节点关系调整的影响，它们会对供应链整合战略、整合过程、整合路径选择产生影响。

第二，从内部因素来看，供应链组织整合需要借助一定的技术手段和跨渠道协作，协调其物流资源和营销资源，进而以低成本、高效率、快反应的方式满足客户需求；资源整合则需通过组织互联合理分配供应链整体资源，同时也需借助信息技术手段实现资源的优化配置。此外，在供应链整合中，无论是组织整合还是资源整合，都需要信息整合做保障，信息整合通过与资源整合、组织整合的共享、协调，支撑供应链内部和外部之间流程优化、行为协作和资源共享。

总之，全渠道模式下农产品供应链整合体现的是"外部环境变动"与

"供应链变革重构"之间的"客观影响和主动适应"关系；它是供应链系统不断进行自我调整以适应外部环境变化过程，且这一过程的核心是围绕供应链价值增值而产生作用；其目标是构建农产品全渠道供应链生态系统。生态系统是实现农产品供应链价值增值和价值共创的主导逻辑，其核心要义是各供应链主体基于特定情境，以客户价值主张（如客户对农产品质量安全的要求、购买便利性的要求、个性化服务的要求等）为导向，在合作中通过组织整合、资源整合、信息整合及制度约束协调生态系统参与者的价值共创行为（刘刚，2019）。这种生态系统的构建，一方面能够使农产品供应链上的物、人、信息以平台生态圈为支撑实现全链接，形成一个从初级农产品采购、生产加工、储存、配送等各环节高效协同、快速响应、敏捷柔性、透明可视的价值网，从根本上重塑供应链系统中各方生产关系，重新分配各方利益；另一方面也有利于提高客户体验和服务水平，增强供应链成员对外部机会和资源的获取，共同创造更大的市场价值。

四、全渠道模式下农产品供应链整合的结果

（一）提升需求响应水平

需求响应（Demand Response）是企业预测或处理市场需求变化的能力（Ralston et al.，2015）。需求响应的价值不仅在于能够快速满足市场需求，还在于能够预测或解决任何可能阻止满足需求的供应问题（赵晓飞和鲁楠，2021）。

首先，农业企业通过内部整合可以突破职能部门间的界限，推动部门之间资源、信息共享，实时跟踪农产品"产供需"各环节运行数据，从而提升企业识别需求、感知需求、预测需求变化的能力，以促进需求的快速响应。其次，农业企业通过与供应商共享采购计划、需求预测，可以保证供应商在种植、养殖、初加工环节充分考虑市场需求，并形成协同式的采购模式，进而提高采购柔性和需求响应能力。最后，农业企业通过与客户的信息共享和资源协

作，不仅有利于及时获得有关农产品需求信息的反馈，而且有利于从客户洞察方面将产品供应与客户需求结合，进而提升需求响应能力。"农商互联"这一新型农产品流通模式是农业产业化龙头企业通过与下游客户（农产品批发商、大型连锁超市、专卖店、农产品经营公司等）进行全面精准、深入紧密的整合，将松散的合作关系转变为紧密的合作关系，形成了上联生产、下联消费，产销衔接的农产品供应链条，极大地提升了供应链的需求响应能力，满足了客户对地域特色突出、产品特性鲜明的农产品需求。

（二）提高质量安全绩效

农产品质量安全绩效（Agro-product Quality Safety Performance）是农产品供应链运营绩效的一种关键衡量指标。质量是指产品的内在物理特性或者客户消费后对产品质量的自我认知，安全是指食品专家对食用风险水平进行的评估或者消费者对食用安全水平的自我判断，安全是农产品质量的一部分（Grunert，2005）。就农产品供应链而言，农产品质量安全问题不仅取决于企业的质量管理水平，还取决于所有供应链成员的质量管理水平。全渠道模式下，供应链整合可以有效地提高农业企业在整条供应链上的质量管理和协调能力，引导成员在供应链的每个阶段都严格执行质量标准并参与质量管理，从而提高质量安全绩效，以更好地满足消费者安全、生态、绿色的农产品需求。

首先，农业企业通过内部整合可以突破职能部门间的界限，促进质量问题的横向沟通，推动企业内部创建全员参与的质量管理文化，使每个员工都主动挑起质量管理的重任，每个部门都参照相同的质量标准，并通过协商与合作一起解决质量相关问题，从而为消费者提供优质安全的农产品。其次，农业企业通过供应商整合可以强化上游供应商（农户、合作社、生产基地等）对质量标准的认识，推动供应商参与质量管理，帮助企业获得高质量的初级农产品，从而保证终端农产品的质量安全。最后，农业企业在质量方面与客户进行协作，能够及时获得有关农产品质量信息的反馈，并共同解决质量相关的问题，从而更好地满足终端消费者安全、生态、绿色的农产品需求。

（三）改善供应链绩效

供应链绩效是供应链成员为提供使顾客满意的产品和服务，通过采购、生产、物流和客户服务等活动所创造的价值总和，是供应链整体和各环节运营过程中有效性和效率性的统一（Zhang and Okoroafo，2015）。目前，学者们主要从市场绩效、财务绩效、服务绩效、柔性（弹性）绩效等维度对农产品供应链绩效进行衡量（韩啸和何枫，2014；于亢亢等，2014；王勇和邓旭东，2015；张璇和赵军，2019）。市场绩效反映了企业实现销量和市场份额增长等市场价值结果的程度。财务绩效（也称为商业绩效）反映了企业实现销售利润率增长和投资回报率增长等盈利结果的程度。服务绩效强调客户对订单数量的满意程度、企业是否满足关键客户的特殊需求、企业是否提前告知缺货或延期交货等。柔性绩效是指企业面对环境变化所反映出来的一种前摄性或反应性的供应链流程运作能力。

就农产品供应链而言，首先，农业企业通过供应链信息共享和跨部门协作，以及与上游供应商（农户、合作社、生产基地等）建立战略合作关系，能够降低采购成本、交易成本和管理成本，这有助于提高财务绩效；其次，农业企业与客户进行物流资源和信息整合，可以帮助企业获得准确的物流信息和需求信息，为产品交付、售后服务和市场开拓制订可行的方案，从而改善市场绩效和服务绩效（Siddh et al.，2018）；最后，全渠道模式下农产品供应链整合能够驱动供应链运作将流程从固定到敏捷柔性转变，农业企业能够利用现代信息技术对外部环境进行扫描，汇集整个供应链的数据信息，并根据数据信息清晰地勾勒出供需体系全景图，提前感知需求变化，实现产销同步、供需平衡以及供应链的自动动态调整，这有助于提升供应链柔性绩效。

五、全渠道模式下农产品供应链整合的支撑条件

（一）全渠道能力

全渠道能力展现了渠道一致性水平、跨渠道协同能力及全场景电子商务应用能力的内在统一。企业拥有较高的全渠道能力，意味着其能够更好地利用全渠道统一管理（统一产品和服务、统一价格、统一产品交付等）、跨渠道联动

以及电商平台整合信息和资源，做到线上线下融合和一体化运营，进而支撑供应链更加有效地响应客户需求。提升农业全渠道能力，要求农业企业一方面要积极打造全渠道业务中台，利用中台的全渠道统一管理功能，传递统一的线上线下产品信息，开展统一的全渠道运营，实现全渠道产品管理、订单管理、物流管理和数据管理的协同，为农产品供应链整合促进需求响应提供能力支撑；另一方面要加强农产品电子商务能力建设，通过提升农业企业电子商务管理能力、技术能力和人才能力，将内部供应链信息系统与外部供应链系统进行对接，并结合企业资源条件，加强新技术与基础设施的融合，及时将新的电子商务技术嫁接到现有的供应链网络中，以强化电子商务平台的先进性、连接性和系统性，实现基于需求快速响应的全渠道供应链整合。

（二）现代信息技术

物联网、大数据、区块链、人工智能等现代信息技术的应用为全渠道模式下农产品供应链整合提供了强有力的技术支撑[①]。首先，现代信息技术的应用有助于提升农产品供应链信息化水平，推动信息平台的搭建，而这些信息平台能够进一步支撑线上线下融合联动的供应链的形成，从而不断为全渠道供应链整合注入新的技术手段和经营方式。其次，现代信息技术尤其是大数据技术的信息获取及分析功能，能够对农产品供应链中生产、加工、流通、消费等环节的质量安全信息进行采集和分析，实现对供应链各环节全节点质量信息的动态追踪以及"从田间到餐桌"的可溯源管理，从而有效解决农产品质量安全问题。最后，现代信息技术特别是数字化技术应用，还能够推动传统农产品供应

---

① 物联网是在互联网基础上延伸和扩展的网络，物联网的关键是将任何物理实体连接到互联网中，从而允许通过网络进行远程监控。这为各种应用的连接性开辟了广阔的途径，并极大地扩展了互联网的整体潜力，能够更有效助力农产品供应链上下游及其延伸的各个节点之间的联结。大数据指的是所涉及的数据量规模巨大到无法通过以前传统的软件工具，在合理时间内进行采集、加工并处理成为帮助企业经营决策的信息。大数据的运用可以改变农产品供应链上下游各个组织节点的工作方式，在提高生产与运用效率、降低营运成本、增强业务全流程可视和提升客户满意度方面产生有效助益。区块链是利用加密链式区块结构来验证与存储数据、利用智能合约进行编程和操作数据的一种去中心化基础架构与分布式计算范式。依托区块链技术所具有的信息公开透明、去中心化、信息不可篡改及合约自动履行的功能，能够有效降低农产品供应链中因严重信息不对称产生的高昂的搜寻、谈判、监管等成本，解决农产品供应链中因信息不对称所带来的质量安全问题。人工智能应用在供应链端到端的不同环节，可以提高供应链上下游环节的智能化整合能力，分析供应链异常，防止供应链风险。

链"聚链成网",逐步将成员之间的松散连接转变成泛在连接（Pervasive Connectivity），推动农产品供应链从模糊感知到精准预测、流程固定到敏捷柔性转型。

近年来，随着元宇宙（Metaverse）技术的发展，其在农产品供应链中也开始了探索应用，使元宇宙技术能够驱动供应链战略重构和运营模式再造，催生出沉浸式体验、无接触服务、线上线下一体化交付的新业态，解决传统农产品供应链运营成本高、拓客难、消费者信任度低等行业痛点。例如，虚拟主播+直播带货，可以带来业务营收、消费体验的双重提升；虚拟身份+客户服务，可以提供 7×24 小时不间断的温暖服务；数字货币+订单支付，可以解决不同币种的便捷交换问题；场景拟真+质量溯源，可以让消费者通过虚拟终端看到农产品生产加工全过程，解决对农产品质量安全的信任危机；沉浸式体验，可以让消费者通过增强现实（AR）或虚拟现实（VR）技术"全程参与"农产品的种植、养殖过程，增强愉悦感和消费黏性。

 本章小结

本章针对全渠道模式下农产品供应链整合的运作特点和存在问题，构建了供应链整合的理论分析框架，探讨了全渠道模式下农产品供应链整合的驱动因素、过程机理和影响结果。本章研究认为，推进全渠道模式下农产品供应链整合必须针对存在的问题，并考虑农产品自然属性特征、农产品供应复杂性与农产品供应链整合之间的匹配关系，以消费需求为核心、以全渠道能力为支撑、以信息技术为手段、以打造全渠道供应链生态系统为目标，从组织层面、资源层面、信息层面对农产品供应链进行深度变革与重构，推动形成快速响应的供应链。全渠道模式下农产品供应链整合是由内外因素共同作用的结果，总体体现为"外部环境变动"与"供应链变革重构"之间的"客观影响和主动适应"关系，外部因素的影响表现为消费者购买模式的变化、信息技术的发展、农产品市场竞争的加剧和供应链节点间关系的调整推动着传统农产品供应链向全渠道供应链转型，内部因素的影响表现为组织整合、资源整合、信息整合三个层面通过互联、共享、协调，推动供应链自我调整以适应外部环境变化。全渠道模式下农产品供应链整合是供应链系统不断进行自我调整以适应外部环境变化过程，且这一过程的核心是围绕供应链价值增值而产生作用，其目标是构建农产品全渠道供应链生态系统。全渠道模式下农产品供应链整合能够提升需求响应水平、提高质量安全绩效和改善公司绩效，但推动全渠道模式下农产品供应链整合需要全渠道能力和现代信息技术的支撑。本章的研究一方面能够为全渠道农产品供应链整合提供理论参考，另一方面也能够为农业企业开展全渠道供应链整合实践提供指导。

第五章 全渠道模式下农产品供应链整合对公司绩效的影响

——需求响应的中介作用和全渠道能力的调节作用

本章是全渠道模式下农产品供应链整合效应分析的内容之一。本章依据第四章的整合理论分析框架，设计以供应链整合为前因变量、以需求响应为中介变量、以公司绩效（市场绩效和财务绩效）为结果变量的研究模型，主要从组织整合层面，实证分析全渠道模式下农产品供应链整合对公司绩效的影响及其作用机理，并探讨全渠道能力的调节作用。

一、 问题的提出

农产品供应链建设是推进我国农产品流通现代化和提升民生福祉的关键。多年以来，我国农产品供应链一直存在着信息流断裂、供需不衔接、集约化程度低、需求响应性差、质量安全问题频发等问题，农产品供应链整体上处于一种"弱集成"局面和"粗放集成模式"状态。针对这些现实问题，学者们从如何协调供应链关系、如何应对需求的不确定性、如何提高供应链集成性和效率等方面开展了大量有关供应链整合的研究。

近年来，随着全渠道零售的发展，越来越多的农业企业在原有营销渠道基础上引入互联网渠道，开启了一个实体渠道、电子商务渠道、移动电子商务渠道相融合的全渠道商业模式。全渠道模式的发展也给农产品供应链系统带来了深刻的影响，推动着供应链的变革与转型。然而，学术界对全渠道模式下农产品供应链整合的研究还相当缺乏。一方面，过去的研究大多是基于传统渠道模式探讨供应链整合问题，没有将全渠道这一新兴模式与供应链整合相结合，不能体现出适应商业模式变革的趋势。另一方面，过去的研究并没有结合全渠道模式给农产品供应链系统带来的影响，来分析农产品供应链整合对公司绩效的作用机理，尤其是过去的研究没有关注全渠道能力在"整合—需求响应"关系中所扮演的作用，不能体现全渠道模式这一关键情景因素的影响。基于此，本章设计以供应链整合为前因变量、以需求响应为中介变量、以公司绩效为结果变量的研究模型，实证分析全渠道模式下农产品供应链整合对公司绩效的影响及其作用机理，并探讨全渠道能力的调节作用。

二、理论分析与研究假设

（一）理论分析

如第四章所述，全渠道模式下农产品供应链整合强调以全渠道能力为支撑，以消费需求为核心，通过供应链整合，推动供应链从固定到弹性的转型，从而形成快速响应的供应链，并持续改善供应链绩效。全渠道模式下的农产品供应链整合，一方面要求农业企业从内部层面、供应商层面和客户层面提升供应链整合水平，促进需求的快速响应，进而改善公司绩效；另一方面也要求农业企业加强全渠道能力建设，为整合促进需求响应创造良好的外部条件。

本章研究应用组织能力理论（Organizational Capability Theory，OCT）探讨全渠道模式下农产品供应链整合对公司绩效的影响。OTC 认为，动态能力是影响及决定企业竞争优势的关键因素（Grant，1996）。企业通过动态能力的培育，有助于满足顾客日益变化的需求，当这种动态能力被恰当地应用于企业业务流程改造时，就会显著提升企业绩效。将 OCT 应用于此，农产品供应链整合可被视为农业企业通过内部协同及与供应链合作伙伴的外部协作，以获取资源和能力的一种手段，这种资源和能力有助于农业企业与供应链合作伙伴形成集成化的业务流程，以促进需求响应的形式提高公司绩效。因为供应链内外部整合分别代表公司内外部的动态能力，所以这种动态能力能够通过组织方式创新以及资源的重整、组合、调适，支撑公司与供应商和客户的合作，从而对市场需求做出快速响应，并不断改善公司绩效。

（二）研究假设

1. 农产品供应链内部整合对客户整合和供应商整合的影响

结合农产品供应链管理概念和制造业供应链整合的概念，我们将农产品供应链整合定义为在农产品"从田间到餐桌"流通的过程中，农产品加工企业①与其合作伙伴进行战略协作并共同管理组织间和组织内业务流程的程度。其目标是通过供应链成员之间的协调和协作，推动农产品流通的一体化，进而以低成本、高效率、快反应方式满足客户需求，并促进供应链整体价值最大化。与制造业供应链整合类似，农产品供应链整合也包含内部整合、供应商整合、客户整合三个维度。

农产品供应链内部整合（Internal Integration）是指加工企业为满足客户需求和保持产品采购、生产和销售等方面的低成本，对其内部信息、流程和行为进行协调与协作的过程。内部整合强调企业内部过程整合和流程管理的重要性，主要涉及企业内部信息系统整合、产供需各环节数据的实时跟踪、跨部门协作以及使用跨职能团队进行业务流程改造等（Flynn et al. , 2010；Zhao et al. , 2011）。

农产品供应链供应商整合（Supplier Integration）是供应链外部整合的一种形式，指加工企业与主要供应商（合作社、生产基地、专业大户等）进行信息共享和战略协作，将他们之间的信息、流程和行为整合成合作、同步的过程。供应商整合主要涉及企业与供应商共享市场信息、生产与采购计划信息、

---

① 之所以选择农产品加工企业作为供应链核心企业，一是因为加工企业有相对完善的供应链体系，与上游供应商（农户、合作社等）及下游客户（农产品批发商、大型连锁超市、专卖店、农产品经营公司等）有丰富的合作经历，供应链管理在加工企业应用相对较为成熟；二是因为加工企业是提升我国农产品供应链增值能力和盈利能力的关键主体，加工企业形成的农业供应链是农产品价值快速升值的重要方式，对促进供应链整体价值最大化具有重要作用。

需求预测信息，以及与供应商建立战略合作伙伴关系等（Flynn et al.，2010；Yu et al.，2013）。

农产品供应链客户整合（Customer Integration）也是供应链外部整合的一种形式。它强调加工企业为获得市场机会，与下游主要客户（批发商、连锁超市、专卖店、农产品经营公司等）进行信息共享和战略协作，将他们之间的信息、流程和行为整合成合作、同步的过程。客户整合主要涉及企业与客户保持密切沟通、客户与企业分享市场信息和需求预测信息、企业与客户共享生产计划信息以及与客户建立战略伙伴关系等（Flynn et al.，2010；Zhao et al.，2011）。

大多数研究认为内部整合与供应商整合、客户整合之间存在积极的关系。Zhao 等（2011）指出，企业必须首先通过内部整合（信息系统整合、数据整合、流程整合）形成内部整合能力，然后才能与外部供应商和客户进行整合，这是因为内部整合代表了企业从外部伙伴学习的吸收能力（Absorptive Capability），企业的吸收能力越强，就越有可能向外部合作伙伴学习，了解他们的业务，从而促进外部整合。Huo（2012）认为，内部整合能力是外部整合能力得以发展的基础，具有高水平内部整合能力的企业更有条件将其业务流程与供应商和客户的业务流程进行整合。Ralston 等（2015）的实证研究也发现，内部整合对外部整合有直接的正向影响，内部整合是外部整合的先决条件。

就农产品供应链而言，较高程度的内部整合意味着加工企业的信息处理能力和协调能力较强，由此能够更好地推动与供应商和客户的信息共享和战略合作。从组织能力理论来看，由于内部资源整合是组织能力形成的根本，而组织能力又决定了企业与外部合作者建立联系的效率和效果，因此，当加工企业内部整合水平较高时，会更有能力将内部资源进行重组与优化，并通过组织创新、管理创新或流程创新的方式实现与供应商和客户的整合。基于此，我们提出如下假设：

H1a：农产品供应链内部整合对供应商整合有积极影响

H1b：农产品供应链内部整合对客户整合有积极影响

2. 农产品供应链内部整合、供应商整合和客户整合对需求响应的影响

需求响应（Demand Response）是企业预测或处理市场需求变化的能力

（Ralston et al.，2015）。需求响应的价值不仅在于能够快速满足市场需求，而且在于能够预测或解决任何可能阻止满足需求的供应问题，这是因为需求响应能力能够促进供需相匹配，一旦市场需求发生变化，企业就可以通过内部协作以及与客户和供应商的合作来及时调整产品导入市场的速度和数量。

多项研究表明供应链整合对响应性有积极影响。Sukati（2012）的实证研究发现，供应链整合对供应链响应性（包括运作系统响应性、物流系统响应性、网络系统响应性）有正向影响。Ralston等（2015）的实证研究进一步表明，客户整合和供应商整合对需求响应有积极影响。一方面，客户整合有助于企业了解客户偏好，并预测这些偏好是怎么随着时间变化的，进而帮助企业及时应对需求变化。另一方面，供应商整合有助于加强企业与供应商之间的资源共享，以协助企业快速满足市场需求。

由于农产品具有易腐性、时效性特点，供应链涉及的主体多、环节长，导致供应链成员之间实现和维持协同运作的难度较大，断链现象比较普遍，因此，农产品加工企业更加注重通过供应链整合实现需求的快速响应。

首先，加工企业通过内部整合可以突破职能部门间的界限，推动部门之间信息共享和跨部门协作，实时跟踪农产品"产供需"各环节运行数据，从而提升企业识别需求、感知需求、预测需求变化的能力，并在此基础上完善内部供应链需求响应机制，以促进需求的快速响应。同时，基于内部整合组建的跨职能团队也可以协调不同部门之间的数据资源，从而对农产品的未来需求提供深入的洞察，这也有助于增强企业需求响应能力。

其次，加工企业通过与供应商共享采购计划、共享需求预测，可以保证供应商在种植、养殖、初加工环节充分考虑市场需求，并形成协同式的采购模式，进而提高企业的采购柔性及市场响应能力。加工企业通过与供应商共享生产计划及建立战略合作关系，还有助于推动二者实现同步化运作，并通过同步化的供应链计划使二者在响应需求方面取得一致性行动，并在此基础上形成基于"订单农业"的准时化生产模式，使农产品供应链准时响应客户需求。

最后，加工企业通过与客户进行信息共享和战略协作，不仅有利于及时获得有关农产品需求信息的反馈，提升对客户需求的深入理解和精准判断，而且有利于从组织创新、客户洞察、流程优化等方面推动供应链运营变革，实现以客户为中心的运营管理，进而增强供应链响应需求变化的能力。此外，加工企业通过客户整合还能够积聚外部优势资源，实现对客户的精耕细作，并通过有效的客户反馈引导供应链协同运转（张旭梅等，2018），从而最大限度地响应和满足客户需求。

从组织能力视角来看，内部整合促进了内部资源协调，增强了企业预测需求变化的能力，提高了内部供应链的响应速度。供应商整合促进了供应商在种植、养殖环节适应需求变化的能力，支撑了企业对市场需求的响应。客户整合增强了企业实时掌握需求变化和精准把握客户真实需求的能力，有助于企业及时满足市场需求。基于此，我们提出如下假设：

H2a：农产品供应链内部整合对需求响应有积极影响

H2b：农产品供应链供应商整合对需求响应有积极影响

H2c：农产品供应链客户整合对需求响应有积极影响

3. 农产品供应链内部整合、供应商整合和客户整合对公司绩效的影响

供应链整合研究中的公司绩效通常是从市场和财务绩效两方面来衡量的（Akmal et al.，2018）。市场绩效是指公司实现销量和市场份额增长等市场价值结果的程度。财务绩效（也称为商业绩效）是指公司实现销售利润率增长和投资回报率增长等盈利结果的程度。

Akmal 等（2018）的研究表明，供应链整合可以降低交易成本、提升客户满意度，从而改善公司的市场和财务绩效。Flynn 等（2010）认为，内部整合有助于打破公司内部职能障碍，促进内部各部门间的信息共享、业务协同，进而提高公司运作效率和商业绩效。Zhao 等（2015）指出，供应商整合能够通过与供应商建立密切的关系来降低采购成本和运营成本，进而提高公司绩效。Yu 等（2013）的研究证实，客户整合与公司绩效显著且正相关，客户整合有助于拓展公司的市场机会，进而提高公司的财务和市场绩效。

就农产品供应链而言，一方面，加工企业通过内部信息共享和跨部门协作，有助于促进内部经营效率的提高，进而改善公司绩效；另一方面，加工企业通过与上游供应商（农户、合作社、基地等）建立战略合作关系，能够降

低产品采购成本、供应链交易成本和管理成本，这有助于提高公司绩效。此外，加工企业通过与客户建立更紧密的关系，可以帮助企业获得准确的需求信息，为产品交付、售后服务和市场开拓制订可行的方案，这有助于提高客户忠诚度和市场份额（Siddh et al.，2018）。基于此，我们提出如下假设：

H3a：农产品供应链内部整合对公司绩效有积极影响

H3b：农产品供应链供应商整合对公司绩效有积极影响

H3c：农产品供应链客户整合对公司绩效有积极影响

4. 需求响应对公司绩效的影响

目前，部分文献证实了需求响应在改善公司绩效方面有积极作用。Ralston等（2015）指出，需求响应是改善企业财务状况的一种方式，需求响应能力强调了企业满足市场需求的能力，这种能力能够将供给与需求相匹配，有助于提升客户满意度、客户黏性和客户回购频率，从而为企业带来更高的财务收益。Zhong等（2017）认为，企业积极响应客户需求可以使他们之间形成良好的信任关系，这有助于企业获得准确的市场信息，在需求预测、产品交付、新产品开发和客户服务方面做得比竞争对手更好，进而提升产品销量和市场份额。

就农产品供应链而言，一方面，加工企业需求响应能力的提升不仅能够满足客户便利性、时效性和安全性的现实需求，而且能够预测需求变化趋势，并根据需求变化趋势满足客户高端化、多元化和定制化的潜在需求，进而提高黏客能力，改善公司绩效；另一方面，需求响应能力的提升也有利于优化客户体验，形成客户体验生态系统，并通过生态系统触及从前接触不到的潜在客户资源，进而增强获客能力，改善公司绩效。此外，需求响应能力的提升还有助于加工企业建立在服务柔性化和服务个性化方面的竞争优势，从而获得超越竞争对手的市场地位和经济绩效。从组织能力视角来看，需求响应能力意味着加工企业感知外部市场需求变化并主动做出响应的动态能力，这种能力能够增强企业对外部资源的探索，促进供需匹配，捕捉市场机会，进而提升企业绩效。

总之，需求响应能力作为一种动态市场应变能力，能够缩小农产品供需之间的不匹配和不同步程度、提升客户服务价值、创造新的客户资源、赢得竞争优势，进而改善公司绩效。基于此，我们提出如下假设：

H4：需求响应对公司绩效有积极影响

5. 全渠道能力的调节作用

全渠道能力是反映全渠道模式的典型特征之一。Yumurtacı Hüseyinoğlu 等（2018）认为，渠道一致性、跨渠道协同和电子商务能力是反映全渠道能力的三个主要方面。渠道一致性是指企业为线上线下渠道提供相同的产品价格、产品种类、产品交付、促销活动等，以保证不同渠道下产品和服务效果的一致性。跨渠道协同是指企业采取多渠道整合的方式销售产品或提供服务，使消费者能够在同一交易中使用多个渠道。它强调通过协调渠道目标和渠道设计，创造渠道协同效应的渠道管理过程，主要包括跨渠道联动销售、跨渠道订单执行和跨渠道客户服务等（张广玲等，2017）。电子商务能力是 IT 能力的一种表现形式，强调企业利用互联网技术与供应商和客户共享信息、处理交易、协调活动的能力（Devaraj et al.，2007）。林家宝等（2018）根据 IT 能力的维度将农产品电子商务能力分为管理能力、技术能力和人才能力三个维度，认为电子商务能力是农业企业与供应商和客户互动并通过互联网或社交媒体开展业务的能力。

就农产品供应链而言，全渠道能力的提升有助于加工企业更好地利用供应链整合快速响应消费需求。其中，渠道一致性有助于保证农产品的价格、种类、促销以及交付的一致性体验，以"产品+服务"一体化的方式能更好地满足客户需求。跨渠道协同能力有助于保证客户在同一交易中使用多个渠道，以线上线下联动的方式（客户群、商流、物流等联动化运行）创造渠道协同效应，满足客户任何时候、任何地点、任何方式购买的需求。电子商务能力的提升有利于加工企业发展更高阶的组织能力，推动供应链更好地传递信息、感知市场状况和协同运作，进而快速精准满足客户需求（李蕾，2018）。总之，加工企业拥有较高的全渠道能力，意味着其能够更好地利用全渠道统一管理（统一产品和服务、统一价格、统一产品交付等）、跨渠道联动以及电商平台整合信息和资源，促进线上线下融合和一体化运营，进而支撑供应链更加有效地响应客户需求。从组织能力理论来看，全渠道能力反映了加工企业的一种独特组织能力，这种组织能力有助于增强企业与供应链伙伴建立联系的效率和效果，从而对市场需求作出快速响应。

基于此，本部分研究认为，在全渠道背景下，农产品供应整合对需求响应的影响受到全渠道能力的调节，即加工企业全渠道能力越强，内部整合、供应商整合和客户整合对需求响应的影响就会越强。基于此，我们提出以下假设：

H5a：全渠道能力正向调节农产品供应链内部整合与需求响应的关系

H5b：全渠道能力正向调节农产品供应链供应商整合与需求响应的关系

H5c：全渠道能力正向调节农产品供应链客户整合与需求响应的关系

综合以上分析，本部分研究提出的理论模型如图 5-1 所示。

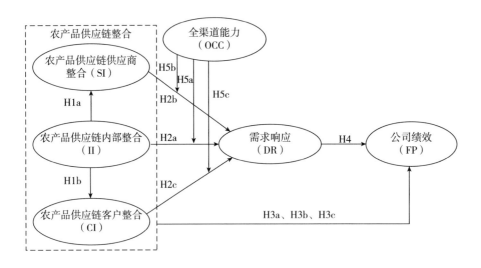

图 5-1　理论模型

三、研究设计

（一）变量测量与量表设计

本章研究采用成熟的量表对变量进行测量。其中，内部整合和客户整合的测量来自 Zhao 等（2011）的量表；供应商整合的测量来自 Yu 等（2013）的量表；需求响应的测量来自 Ralston 等（2015）的量表；公司绩效的测量来自 Flynn 等（2010）的量表；全渠道能力的测量来自张广玲等（2017）和 Yumurtacı Hüseyinoğlu 等（2018）的量表。为保证测量的有效性和准确性，我们首先结合我国农产品供应链的实际情况对原始量表进行了英汉互译和适当的修改；其次，选择了 20 家加工企业进行了预调查，基于他们的反馈，删除了一些问项，并对问项的措辞、逻辑、顺序进行了修改；最后，形成正式量表。所有问项的测量采用 5 级李克特量表法，从"1~5"分别表示"非常不同意至非常同意"。

（二）数据收集与样本描述

本章研究的数据来源于 2018 年 11 月至 2019 年 2 月在武汉、上海、江西等省市参加农业博览会、中国农产品供应链大会、农产品展销会的农产品加工企业的问卷调查。之所以选择此种方式进行调查，是因为参会企业来源广泛、企业性质多样、经营品种多样，样本的代表性较强。具体的抽样计划是，组织多个调查小组，按照会议召开时间分批次到现场采集数据，并告知每个调查小组需要收集的问卷数量和质量。抽样过程为，调查小组首先在参会名录上按照企业来源地进行分层，然后按照东部省份居多的原则（因为我国农产品加工企业的主要聚集地是东部地区的山东、江苏、广东、浙江等地）在每层随机选取加工企业，并到展台发放问卷，问卷填写者均为有农产品供应链管理经验的企业负责人、采购/物流主管、运营主管等。此外，对现场不方便填写问卷者，调查小组通过网上点对点发放网络问卷进行调查。此次调查共收集到 455 份问卷，选取采用全渠道营销（实体渠道+电商渠道+移动电商渠道）的企业问卷 212 份，剔除 50 份无效问卷（答题时间少于 2 分钟、漏填超过 1/3、选项过于集中的问卷），共获得有效问卷 162 份，其中网络问卷 40 份、现场问卷 122 份。独立样本 T 检验表明，两种数据来源并不存在统计上的显著差异，因此数据可以合并使用。

样本描述性统计（见表 5-1）表明，被调查企业员工人数多在 50~300 人（占比 53.70%），年营业收入集中在 50 万（含）~2 亿元（占比 75.31%），企业性质多为私营企业（占比 76.54%），经营产品涉及多产品类型。总体来看，这与《中国农产品加工业年鉴（2017）》中的我国农产品加工企业特征（中小型规模居多、私营企业为主）基本一致，说明样本具有较好的典型性和代表性。

表 5-1　样本描述性统计

特征变量	类别	频次	占比（%）
员工人数	50 人以下	44	27.16
	50（含）~300 人	87	53.70
	300 人（含）以上	31	19.14
年营业收入	50 万元以下（微型企业[a]）	17	10.49
	50 万（含）~500 万元（小型企业）	57	35.19
	500 万（含）~2 亿元（中型企业）	65	40.12
	2 亿元（含）以上（大型企业）	23	14.20
企业性质	国有企业	19	11.73
	集体企业	12	7.41
	三资企业	3	1.85
	私营企业	124	76.54
	其他	4	2.47
经营产品[b]	粮油类	44	27.16
	肉类	32	19.75
	蛋类	43	26.54
	茶叶	26	16.05
	蔬菜	30	18.52
	水果类	28	17.28
	水产品类	26	16.05
	其他	40	24.69

注：a—企业类型划分依据国家统计局发布的《统计上大中小微型企业划分办法（2017）》；b—此题为多选题。

四、实证结果与分析

（一）共同方法偏差分析

本章研究采用多项程序性控制技术，以减少共同方法偏差（CMB）的潜在影响。首先，明确所有的问项的答案无正确错误之分，受访者都是匿名回答，所有问项都有明确的内容指向，不存在含糊不清的问题。其次，受访者被告知，调查数据仅用于学术研究，研究结果会及时向他们反馈，以鼓励受访者提供真实的回答，从而有效减少数据失真。最后，每个受访者均为来自不同企业、不同部门或不同岗位的人员，从而对测量进行了空间上的分离，同时要求每个受访者完全根据公司当前的现状来完成问卷，从而减少社会期许性偏差。

在统计上，首先，应用 Harman 单因子方法检验 CMB，结果表明，因子分析共萃取了 6 个因子，第 1 个因子仅解释了 36.32% 的方差变异（小于 40%）；其次，运用验证性因子分析（CFA）评估单因子模型，结果显示，模型拟合指数较差（$\chi^2_{(230)}$ = 1103.35，χ^2/df = 4.797，TLI = 0.521，CFI = 0.565，IFI = 0.570，RMSEA = 0.154），这表明单因子模型不能完全解释 6 个构念；最后，在测量模型中加入一个共同方法偏差因子（称为"双因子模型"），结果显示，"双因子模型"的拟合指数与测量模型的拟合指数并没有显著不同（CFI、TLI 和 IFI 增幅没超过 0.1，RMSEA 降幅没超过 0.05）（温忠麟等，2018）。而且，尽管包含了一个共同方法偏差因子，但"双因子模型"所有因子载荷仍在 0.01 水平下显著（Yu et al.，2013）。这些统计分析表明，本章研究中的 CMB 并不严重。

（二）信度与效度检验

本章研究采用 Cronbach'α 系数检验量表的信度水平。一般来讲，量表的 Cronbach'α 系数大于 0.7 反映较好的信度水平。在本章研究中，内部整合、供应商整合、客户整合、需求响应、公司绩效、全渠道能力的 Cronbach'α 系数分别达到 0.796、0.844、0.847、0.866、0.825 和 0.876（见表5-2），均大于 0.7，表明量表在信度上具备较高水平。

表5-2　信度和收敛效度检验结果

构面	问项	标准化因子载荷	Cronbach'α系数	组合信度（CR）	平均方差萃取量（AVE）
供应商整合（SI）	SI1：公司与主要供应商（合作社、生产基地、专业大户等，下同）共享市场需求信息	0.782***	0.844	0.852	0.590
	SI2：公司与主要供应商共享采购计划信息	0.721***			
	SI3：公司与主要供应商共享需求预测信息	0.824***			
	SI4：公司与主要供应商建立了战略伙伴关系	0.741***			
内部整合（II）	II1：公司内部各部门间信息高度共享	0.527***	0.796	0.808	0.518
	II2：公司内部可实时跟踪农产品"产供需"各环节运行数据	0.794***			
	II3：公司内部实施跨部门协作	0.750***			
	II4：公司使用跨职能团队进行业务流程改造	0.775***			
客户整合（CI）	CI1：主要客户（批发商、连锁超市、专卖店、农产品经营公司等，下同）与公司共享市场信息	0.689***	0.847	0.847	0.582
	CI2：主要客户与公司共享需求预测信息	0.822***			
	CI3：公司与主要客户共享生产计划信息	0.744***			
	CI4：公司与主要客户建立了战略伙伴关系	0.791***			
需求响应（DR）	DR1：公司能够利用合作伙伴的能力来响应市场需求	0.695***	0.866	0.872	0.632
	DR2：公司能根据市场需求变化，及时推出"名优特新"农产品	0.752***			
	DR3：公司能根据市场需求变化，灵活调控农产品导入市场的速度	0.823***			
	DR4：公司能根据市场需求变化，灵活调控农产品市场投放量	0.895***			

续表

构面	问项	标准化因子载荷	Cronbach'α系数	组合信度（CR）	平均方差萃取量（AVE）
公司绩效（FP）	FP1：同竞争者相比，近几年公司"市场份额"增长很快	0.724***	0.825	0.829	0.619
	FP2：同竞争者相比，近几年公司"销售利润率"高	0.820***			
	FP3：同竞争者相比，近几年公司"投资回报率"高	0.814***			
全渠道能力（OCC）	OCC1：公司线上线下农产品信息（如价格、种类、产品/服务描述、促销活动）是统一的	0.828***	0.876	0.879	0.596
	OCC2：公司建立了完善的线上线下体系实施农产品跨渠道联动销售	0.843***			
	OCC3：公司能够根据客户地址自动分配订单，让该地区的分销商提供农产品配送服务	0.643***			
	OCC4：公司有能力将新的农产品电子商务技术快速集成到现有的基础设施中	0.769***			
	OCC5：公司的农产品电子商务员工在数据管理和维护上很有能力	0.760***			

注：$n=162$；*** 表示 $p<0.001$；拟合指标：$\chi^2 = 392.633$，$df = 237$，$\chi^2/df = 1.657$（$p = 0.000$），TLI $= 0.913$，CFI $= 0.925$，IFI $= 0.927$，RMSEA $= 0.064$。

收敛效度和区别效度的检验采用 Fornell 和 Larcker（1981）的标准，收敛效度检验结果如表 5-2 所示，区别效度检验结果如 5-3 所示。从表 5-2 和表 5-3 可以看出，各测量问项的标准化因子载荷均高于 0.5 且在 0.001 水平下显著，各构面的组合信度（CR）均超过 0.7，平均方差萃取量（AVE）均超过 0.5，所有构面的 AVE 的平方根都大于该构面与其他构面之间的相关系数，因此，测量模型具有良好的收敛效度和区别效度。此外，表 5-3 结果还表明，各潜变量之间的相关性显著，适合于结构方程模型分析。

表 5-3　区别效度检验结果

	II	CI	SI	DR	FP	OCC
内部整合（II）	**0.763**					
客户整合（CI）	0.582***	**0.768**				
供应商整合（SI）	0.587***	0.695***	**0.719**			
需求响应（DR）	0.457***	0.439***	0.381***	**0.795**		
公司绩效（FP）	0.363***	0.273***	0.352**	0.623***	**0.787**	
全渠道能力（OCC）	0.481***	0.391***	0.477***	0.721***	0.493***	**0.772**
均值	4.201	4.196	4.208	4.187	3.959	2.726
标准差	0.604	0.637	0.604	0.736	0.753	0.739

注：对角线上的数字表示平均方差萃取量（AVE）的平方根，其他数字表示变量间的 Pearson 相关系数；*** 表示 $p<0.001$，** 表示 $p<0.05$。

（三）结构模型估计与结果讨论

1. 结构模型估计

本章研究采用 Amos25 软件提供的最大似然估计法（ML）对理论模型进行估计，此方法要求数据必须符合多元正态分布。在本章研究中，评估多元正态分布的 Mardia 系数为 34.296，小于 $p（p+2）=19×21=399$（p 为观测变量个数），根据 Kline（1998）的建议，此数据可以认为基本符合多元正态分布。此外，对于样本量为 162、自由度为 143、显著性水平为 0.05、RMSEA 为 0.067 的结构模型，样本量充足性的统计检验力（Power of Test）估计值为 0.866，高于建议的门槛值 0.8（MacCallum et al.，1996）。这一结果表明，本章研究的样本量在统计学上是足够的。结构模型的估计结果如表 5-4 所示，路径系数的标准化估计结果如图 5-2 所示。

表 5-4　结构模型的估计结果

路径	标准化系数（β_s）	非标准化系数（β）	标准误（S. E.）	z 值	p 值
供应商整合（SI）←内部整合（II）	0.726	0.703	0.092	7.610	***
客户整合（CI）←内部整合（II）	0.627	0.554	0.091	6.072	***
需求响应（DR）←内部整合（II）	0.020	0.021	0.170	0.120	0.904
需求响应（DR）←供应商整合（SI）	0.258	0.273	0.147	1.854	0.064

续表

路径	标准化系数（β_s）	非标准化系数（β）	标准误（S. E.）	z 值	p 值
需求响应（DR）←客户整合（CI）	0.307	0.355	0.139	2.563	0.010
公司绩效（FP）←内部整合（II）	0.226	0.205	0.147	1.393	0.164
公司绩效（FP）←供应商整合（SI）	-0.178	-0.166	0.128	-1.297	0.195
公司绩效（FP）←客户整合（CI）	0.050	0.051	0.118	0.436	0.663
公司绩效（FP）←需求响应（DR）	0.582	0.515	0.099	5.191	***

注：n=162；*** 表示 $p<0.001$；拟合指标：$\chi^2 = 245.39$，df = 143，$\chi^2/df = 1.716$（p = 0.000），TLI = 0.920，CFI = 0.933，IFI = 0.935，RMSEA = 0.067。

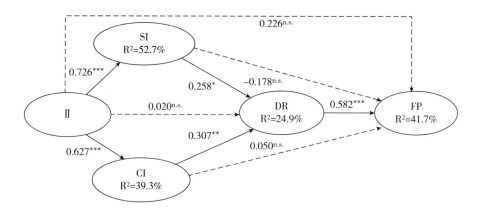

图 5-2　路径系数的标准化估计结果

注：*** 表示 $p<0.001$，** 表示 $p<0.05$，* 表示 $p<0.1$，n.s. 表示在 0.1 水平下不显著。

2. 结果讨论

从表 5-4 和图 5-2 可以看出：

（1）内部整合在 0.001 水平下显著正向影响供应商整合和客户整合，假设 H1a 和假设 H1b 得到了支持。这说明，当加工企业的信息处理能力和协调能力较强时，将更有能力将其流程与供应商和客户的流程进行整合。这是因为企业通过内部整合消除了职能障碍，促进了企业内部各部门之间数据共享、业务协同和跨部门协作，推动了企业与供应商和客户之间的信息共享和战略合作。

然而，由于全渠道模式所强调的消费者中心使企业必须"全程、全面、全线"保持与客户的接触，加工企业必然会更加注重对客户需求的洞察。此时，与下游客户的整合可能会有利于内部整合，这是由于来自客户的需求会反向倒逼企业更好地进行内部整合以满足客户需求。有些学者将这种整合称为逆向供应链整合。逆向供应链整合实质上是由下游流通组织作为核心企业，上游制造商充当节点企业的自下而上的拉式供应链整合过程（谢莉娟，2015）。基于此，我们连接了"CI→II"这一路径，并对理论模型进行了重新估计。结果表明，CI 显著正向影响 II（β=0.707，S.E.=0.116，p<0.001）。这一结果意味着客户整合的确有利于内部整合。但是，在我国农业领域，由于供应链合作伙伴规模小、供应链信息化水平低，大多数加工企业采用的是以自身为主导的"推式"供应链，而非以下游分销商为主导的"拉式"供应链。由此，供应链整合也大多采用的是"推式"正向供应链整合，而非逆向供应链整合。即使一些农业企业（主要是农产品电商企业）实施了逆向供应链整合，前提也是已经进行了内部整合，建立了完善的内部信息系统，实现了内部各部门之间的数据共享和跨职能协作。否则，企业与供应链合作伙伴之间的信息共享和战略协作就不能有效地进行。因此，全渠道模式下，实施客户整合仍然需要加工企业将改善内部管理、建立完善的信息系统放在首要位置，内部整合仍然是外部整合的重要基础。

（2）供应商整合和客户整合分别在 0.1 和 0.05 水平下显著正向影响需求响应，假设 H2b 和假设 H2c 得到了支持。但我们的研究发现，与预期相反，内部整合对需求响应没有显著影响，假设 H2a 没有得到支持。这可能与我国农产品供应链的特殊性有关，由于我国大多数农产品加工企业采用的是推式供应链，不少企业还没有真正建立起基于需求快反（Quick Response）的内部供应链，内部供应链存在整合不够、柔性不足、响应速度慢的问题。但这并不意味着内部整合在促进需求响应上是微不足道的；相反，内部整合会直接影响外部整合，而外部整合又直接影响需求响应。这一结论也在一定程度上说明，农产品供应链外部整合是加工企业应对市场需求变化的重要基础。"盒马鲜生"成功的关键就是它通过供应链外部整合，构建了一个快反型生鲜食品供应链。一方面，它通过信息互联和资源互通与供应商密切合作，并使用专业跨职能供应链运作团队在生产基地直采直供；另一方面，它通过线上线下融合的方式（Online And Offline）密切与消费者的联系，及时捕捉市场需求变化，极大地促进了需求快速响应，增强了客户黏性。

（3）内部整合、供应商整合和客户整合对公司绩效没有显著影响，假设

H3a、假设 H3b 和假设 H3c 没有得到支持。产生这一结果可能有两方面的原因：一是供应链整合需要对信息系统、采购系统、客户关系管理系统等进行大量投资，这可能会减少公司的财务收益（至少在短期内）。此外，由于我国大多数农民合作社地理位置偏僻、生产规模较小，再加上农产品消费市场相对分散，加工企业与供应商和客户的整合也可能会产生较高的协调成本。正如Cousins 和 Menguc（2006）指出的，尽管供应链整合对绩效改善有帮助，但它也是有成本的，而且在某些情况下，它会对绩效产生相反的效果。二是由于我国大多数农产品加工企业都是中小型企业，可能还处于供应链管理的早期阶段，不少企业尚没有完全引入供应链管理，因此，供应链整合的经济效应可能还没有得到很好的发挥。实际上，在供应商整合过程中，会存在收益与成本相等的一个转折点，我们采用一种平衡的视角来看待供应链整合的经济效应（Das et al.，2006）。

（4）需求响应在 0.001 水平下显著正向影响公司绩效，验证了假设 H4。就农产品市场而言，由于农产品的特殊属性使消费市场更加关注产品的时效性，加工企业也因此更重视需求的快速响应：一方面，对需求的快速响应能够保持农产品新鲜度，提升客户服务价值，创造新的客户资源，增强加工企业在获客、黏客方面的能力，进而提高销售业绩。另一方面，对需求的快速响应也能够促进供需同步化匹配，捕捉市场机会，赢得竞争优势，这有助于提高企业市场份额、盈利能力和投资回报。

（5）为进一步考察农产品供应链整合对公司绩效的影响机理，我们采用AMOS25 提供的 Bootstrap 方法（设定 Bootstrap 样本量为 5000，置信区间为偏差校正的 90% 置信区间）估计了模型中所有间接路径的中介效应。结果（见表 5-5）表明，除了"II→DR→FP"这一间接路径的置信区间包含 0 外，其他所有间接路径的置信区间均不包含 0，但直接路径的置信区间包含 0。这说明，除了需求响应在内部整合影响公司绩效中的中介效应不显著外，其他间接路径均存在完全中介效应。即需求响应在供应商整合和客户整合影响公司绩效中发挥了完全中介效应，供应商整合和客户整合在内部整合影响需求响应中发挥了完全中介效应，供应商整合、客户整合、需求响应在内部整合影响公司绩效中也发挥了完全中介效应。

表 5-5　中介效应估计结果

间接路径	间接路径的置信区间	直接路径	直接路径的置信区间
II→DR→FP（中介效应不显著）	(-0.144, 0.183)	II→FP	(-0.052, 0.284)
SI→DR→FP（完全中介）	(0.007, 0.349)	SI→FP	(-0.153, 0.185)
CI→DR→FP（完全中介）	(0.032, 0.431)	CI→FP	(-0.071, 0.327)
II→（SI+CI）→DR（完全中介）	(0.141, 0.822)	II→DR	(-0.283, 0.361)
II→（SI+CI）→DR→FP（完全中介）	(0.069, 0.432)	II→FP	(-0.052, 0.284)

这一结果也进一步表明，内部整合会通过促进外部整合提升需求响应水平，而需求响应水平的提高会显著改善公司绩效，"需求响应"在"供应链外部整合影响公司绩效"的作用机制中发挥了完全中介作用。

（四）内生性检验

使用调查数据（观测数据）所带来的一个潜在问题是其对内生性（Endogeneity）非常敏感，如果不加以解决，很可能会导致有偏的参数估计，从而降低结论的可靠性（Sande and Ghosh, 2018）。内生性是指由于测量误差、遗漏变量偏差、双向因果或选择偏差等导致的在回归分析中解释变量和误差项存在相关。我们使用工具变量（IVs）法来检验和处理内生性问题。考虑到需求响应这一变量的 R^2 值不高以及供应链整合和需求响应之间可能存在的双向因果关系，我们主要检验和处理内部整合（II）、供应商整合（SI）和客户整合（CI）的潜在内生性问题。依据 Sande 和 Ghosh（2018）提出的调查研究中内生性问题解决框架，本章研究采取如下几个步骤：

首先，从理论上论证工具变量的相关性（Relevance）和外生性（Exogeneity）。通过查阅相关文献，我们选择了"供应商关系承诺"（RCS）、"客户关系承诺"（RCC）和"内部关系资本"（IRC）三个变量，分别作为供应链整合（SI）、客户整合（CI）和内部整合（II）三个潜在内生变量的工具变量。这是因为，相关研究（Zhao et al., 2011；Yu and Huo, 2018）已证实这三个工具变量对潜在内生变量（II、CI、SI）有直接影响，而对被解释变量（DR）没有直接影响。同时，梳理文献还发现，不存在遗漏变量（OVs）同时影响工具变量（RCS、RCC、IRC）和被解释变量（DR），也不存在被解释变量影响工具变量的遗漏机制以及工具变量影响被解释变量的遗漏机制。因此，这三个工具变量在理论上满足相关性和外生性标准。

　　其次，使用基于 IVs 的结构方程模型（SEM）实证评估工具变量的相关性和外生性。由于本章中带 IVs 的 SEM 模型是恰好识别模型（每个潜在内生变量仅有一个工具变量），"IVs 是真正外生变量"这一假设无法被检验，因此，本章仅从实证角度评估 IVs 的相关性。根据结构方程模型中 IVs 相关性评估程序，我们估计了带 IVs 的 SEM 模型（不控制内生性），即在理论模型基础上连接从工具变量到内生变量所形成的模型。结果表明，该模型的 $\chi^2_{(200)}$ = 404.02，每一个工具变量对内生变量均有显著正向影响（p<0.001）。此外，分别删除每个工具变量对内生变量的影响，$\Delta\chi^2$ 也均在 0.001 水平下显著（强工具变量）。因此，我们可以认为，所有工具变量在统计上满足相关性标准。

　　最后，检验 II、SI、CI 的内生性。根据 Sande 和 Ghosh（2018）的建议，我们在带 IVs 的 SEM 模型基础上连接了三个"误差项之间的协方差"相关，分别是 SI 和 DR（e.SI↔e.DR）、CI 和 DR（e.CI↔e.DR）、II 和 DR（e.II↔e.DR）①。估计结果表明，在 0.05 水平下，所有误差项之间协方差的相关均不显著（见表5-6）。这说明，本章研究的理论模型内生性问题并不严重②，模型估计结果是可靠的。

表5-6　内生性检验结果

误差项间协方差（Covariances）	估计值	标准误	z 值	p 值
e.SI↔e.DR	−0.011	0.034	−0.336	0.737
e.II↔e.DR	−0.076	0.052	−1.484	0.138
e.CI↔e.DR	0.069	0.052	1.341	0.180

（五）调节效应分析

　　由于内部整合影响需求响应这一主效应不显著，故我们不再分析全渠道能力对"内部整合影响需求响应"的调节效应，即假设 H5a 没有得到支持。我

---

　　① 这里的 SI、CI、II 是潜在内生解释变量，内生性是指误差项之间的相关性。

　　② 内生性问题并不严重不是说没有内生性问题，这是因为对任何模型，几乎不可能使用任何统计手段真正解决内生性问题，最多只是修正研究中存在的内生性问题。因为 IV 估计不如 OLS 估计有效，所以，当内生性程度不严重时，我们不用 IV 估计，而用传统的最小二乘（OLS）估计。

们仅分析全渠道能力对"外部整合影响需求响应"的调节作用。运用 Hayes Process 插件及 Bootstrap 方法（设定 Bootstrap 样本量为 5000，选择数据中心化处理），调节效应估计结果如表 5-7 和图 5-3 所示。

表 5-7　调节效应估计结果

模型	变量	系数	标准误	t 值	p 值	拟合参数
模型 1 （SI→DR， OCC 调节）	常量	2.779	0.448	6.204	0.000	$R^2 = 0.212$ F=9.059 （p<0.001）
	SI	0.194	0.110	1.762	0.080	
	OCC	−0.054	0.064	−0.851	0.396	
	OCC×SI	0.292**	0.123	2.371	0.019	
	CI（控制）	0.335	0.107	3.141	0.002	
模型 2 （CI→DR， OCC 调节）	常量	3.542	0.487	7.268	0.000	$R^2 = 0.194$ F=7.660 （p<0.001）
	CI	0.395	0.104	3.807	0.000	
	OCC	−0.016	0.066	−0.239	0.812	
	OCC×CI	0.152*	0.090	1.682	0.095	
	SI（控制）	0.153	0.115	1.337	0.183	

注：** 表示 p<0.05；* 表示 p<0.1。

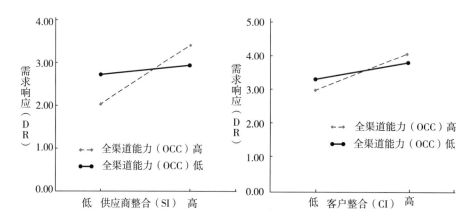

图 5-3　全渠道能力的调节作用

从表 5-7 和图 5-3 可以看出，全渠道能力显著正向调节了供应商整合和客户整合对需求响应的影响，假设 H5b 和假设 H5c 得到了支持，即加工企业全渠道能力越强，客户整合和供应商整合对需求响应的作用就会越强。这说明，农产品加工企业通过提升全渠道能力，有利于增强供应链外部整合对需求响应的作用效果。因此，全渠道背景下，加工企业应该重视全渠道能力建设，通过提升全渠道统一管理能力、跨渠道联动能力及农产品电子商务能力整合信息和资源，进而更好地利用供应链外部整合快速响应消费需求，为供应链外部整合促进需求响应创造良好的外部条件。"三只松鼠"一直注重全渠道能力建设。它主要是以互联网技术为依托，通过创建全渠道业务中台（松鼠云造系统）将每个渠道的营销活动都集合到中台进行统一管理，推动各渠道之间的无缝衔接，并应用电子商务系统进行线上和线下农产品需求预测和销售，实现了新品 40 日极速上线，有效促进了供应链整合（通过大数据对原材料采购、产品生产、物流配送、产品销售等整条供应链进行统筹）对需求响应的提升作用，并为企业带来了卓越的绩效。2019 年，"三只松鼠"全渠道营收破百亿元，成为我国食品行业最快实现从创业到突破百亿元营收的企业。

五、研究结论与讨论

（一）研究结论

本章从全渠道模式视角，构建了供应链整合与公司绩效的关系模型，实证分析了农产品供应链整合对公司绩效的影响及其作用机理，并探讨了全渠道能力的调节作用，得出如下结论：第一，内部整合对供应商整合和客户整合有积极影响，内部整合是外部整合的基础。只有企业拥有较高水平的内部整合能力时，才能实现高水平的外部整合。第二，供应链外部整合对需求响应有积极影响。供应链外部整合是提升需求响应水平的关键要素，是农产品加工企业应对市场需求变化的重要基础。第三，供应链整合的三个维度对公司绩效均没有显著影响，但需求响应对公司绩效有显著正向影响，"需求响应"在"供应链外部整合影响公司绩效"的作用机制中发挥了完全中介作用，提升公司绩效的关键在于提升需求响应水平。第四，全渠道能力正向调节了供应链外部整合对需求响应的影响。即加工企业全渠道能力的提升，有利于增强供应链外部整合对需求响应的作用效果。

(二) 理论贡献

第一，本章研究在分析全渠道模式发展给农产品供应链系统带来影响的基础上，构建了农产品供应链整合与绩效关系的理论模型，该模型既体现农产品供应链的特殊性，又体现供应链适应新商业模式变革的趋势，从而使研究结果为理解全渠道模式下农产品供应链整合影响公司绩效的机制提供了见解，并为全渠道供应链整合的相关研究提供了理论参考。第二，本章研究将"全渠道能力"这一变量嵌入理论模型，实证分析了其在供应链整合与需求响应关系中的调节作用，揭示了全渠道能力是全渠道模式下农产品供应链整合影响需求响应的重要情景因素，这既丰富和拓展了农产品供应链整合的理论研究，也能为农业企业开展全渠道供应链整合实践提供指导。

(三) 实践启示

第一，提升农产品供应链内部整合水平。一方面，农产品加工企业要在现有资源的基础上，重新调整内部组织架构和优化内部业务流程，实现组织内部资源的有效整合，提高内部运作和跨部门协作效率。另一方面，加工企业还要积极建立并完善信息共享系统，提高其信息处理能力和协调能力，并实时更新产供销各环节运行数据，方便各部门迅速做出决策。第二，提升农产品供应链外部整合水平。一方面，加工企业要利用内部整合建立完善的供应商整合机制，协助供应商的发展，包括主动与供应商共享生产计划、采购计划、市场信息，并建立长期稳定的战略合作伙伴关系。另一方面，加工企业要利用内部整合建立完善的客户整合机制和消费信息反馈系统，掌握精准的需求信息，并做好与客户的联合规划和市场预测。此外，有条件的加工企业还可利用云计算、物联网、大数据等技术，搭建智能化、网络化信息平台，利用信息平台的链接、共享、协同功能实现供应链外部整合。第三，提升供应链需求响应能力。加工企业要积极引进ECR（有效客户响应）管理方法，广泛应用新一代信息技术，构建大数据赋能的需求精准导向型供应链，促进需求的精准快速响应。此外，加工企业还要加强与供应商和客户的战略协作，以敏捷、柔性、透明为导向建立供应链快速响应机制，并应用现代信息技术推动供应链数字化改造，打造农产品数字化供应链①，不断提升供应链需求响应能力。第四，提升企业全渠道能力。一方面，农产品加工企业要积极打造全渠道业务中台，利用中台的全渠道统一管理功能，传递统一的线上线下产品信息，开展统一的全渠道运营，实现全渠道产品管理、订单管理、物流管理和数据管理的协同，为农产品供应链整合促进需求响应提供能力支撑。另一方面，加工企业要加强农产品电子商务能力建设，通过提升农业企业电子商务管理能力、技术能力和人才能力，将内部供应链信息系统与外部供应链系统进行对接，并结合企业资源条件，加强新技术与基础设施的融合，及时将新的电子商务技术嫁接到现有的供应链网络中，以强化电子商务平台的先进性、连接性和系统性，推进基于需求快速响应的全渠道供应链整合。

本章小结

　　本章设计了以供应链整合为前因变量，以需求响应为中介变量，以公司绩效为结果变量的研究模型，通过对农产品加工企业的问卷调查，实证分析了农产品供应链整合对公司绩效的影响及其作用机理，并探讨了全渠道能力的调节作用。研究表明，农产品供应链内部整合对外部整合（供应商整合和客户整合）有积极影响，外部整合对需求响应有积极影响，需求响应对公司绩效也有积极影响，但内部整合和外部整合对公司绩效没有显著影响，"需求响应"在"供应链外部整合"与"公司绩效"之间发挥了完全中介作用；全渠道能力正向调节了外部整合和需求响应之间的关系。基于上述研究结论，加工企业一方面要加强内部整合，以更好地促进外部整合，从而实现需求快速响应并改善公司绩效；另一方面也要加强全渠道能力建设，为供应链外部整合促进需求响应创造良好的外部条件。本章的研究一方面丰富了全渠道供应链整合的理论文献，另一方面也能为农业企业开展全渠道供应链整合实践提供指导。

---

　　①　数字化供应链是一个以客户为中心的平台模型。它通过多渠道获取并最大限度地利用不同来源的实时数据，实现需求刺激、匹配、感知与管理，以提升供应链绩效。数字化供应链具有迅速敏捷、精准精益、透明可视和智能运营的特征，能够快速、精准地捕捉消费需求，并迅速、及时地对消费需求做出响应。数字化供应链是未来供应链转型的重要方向。

第六章　全渠道模式下农产品供应链整合对公司绩效的影响

——质量安全绩效的中介作用和社会协同监管的调节作用

如前几章所述，全渠道模式下农产品供应链整合本质上体现了以客户需求为出发点，以全渠道营销逆向驱动供应链整合的过程。这一过程强调农业企业以客户为中心，通过对供应链成员间的协调与协作，为客户提供无差别的购买体验，并不断改善供应链绩效。为提升这种购买体验，一方面需要农业企业对线上线下渠道进行集成融合，应用电子商务、移动电子商务及实体渠道，将农产品快速送达客户手中；另一方面需要农业企业更加关注农产品质量安全，满足客户安全、生态、绿色的产品需求，这是全渠道模式下农产品供应链整合必须考虑的问题①。

本章也是全渠道模式下农产品供应链整合效应分析的内容之一。本章根据全渠道供应链整合的要求（提高客户体验水平）和农产品供应链特点（关注质量安全），设计以供应链质量整合为前因变量、以农产品质量安全绩效为中介变量、以公司绩效（市场绩效和财务绩效）为结果变量的研究模型，实证分析农产品供应链质量整合对公司绩效的影响机理，并探讨社会协同监管的调节作用。

---

① 从目前来看，新兴消费群体对农产品和食品安全要求不断提高，而农产品的生产需要由多个环节共同配合，以保证农产品的安全和品质，这就需要加强供应链整合，提高供应链各环节的控制力。

一、引　言

农产品质量安全问题一直是政府、企业和社会高度关注的问题。近年来，随着供应链质量管理（SCQM）实践的不断深入，有些学者指出，将质量管理与供应链整合相结合，实施供应链质量整合可能是解决质量问题并获取卓越绩效的一个重要途径（Yu and Huo，2018）。当前，学者们对供应链质量整合的研究主要集中于工业或服务业领域，探讨的议题涉及供应链质量整合的概念、维度以及整合与绩效的关系（Huo et al.，2014；Yu et al.，2017）。这些研究强调，供应链质量整合作为企业的一种动态能力，能够通过内部协同和外部协作形成集成化的质量管理业务流程，实现供应链成员间的质量合作，控制关键供应链成员质量行为，最大限度地减少甚至消除供应链中的产品缺陷，进而提升质量绩效。

就农产品供应链而言，由于农产品的易腐性、季节性、难以标准化等特点，再加上供应链涉及的主体多、环节长，导致供应体系中的质量安全风险较高，存在损耗多、保鲜难、成本高、收益低等问题。因此，农业企业更加关注农产品供应链质量整合，供应链质量整合是保障农产品质量安全、提升公司绩效的重要手段。但目前学术界相关研究并不多，虽然有学者指出供应链质量整合对运营绩效有促进作用（Yu and Huo，2018），但对供应链质量整合影响公司绩效的机理尚不明确。

此外，目前学术界也较少关注情境因素对"供应链质量整合与质量安全绩效"关系的影响，尤其是忽视了社会协同监管在"供应链质量整合与质量安全绩效"关系中所发挥的作用。社会协同监管是传统政府监管与社会自治的结合，是政府与消费者、行业协会、媒体及其他社会组织之间形成的"联合互动"的监管形式。考虑将社会协同监管纳入研究主要有两个方面的原因。首先，理论上，由于农产品质量安全问题具有严重的负外部性，质量安全绩效不仅受到供应链质量整合的影响，还受到政府、消费者、行业协会、媒体及其他社会组织等多主体协同监管的制约（谢康等，2017）。将社会协同监管纳入研究，有助于更清晰地认识外部情境因素对"供应链质量整合与质量安全绩效"之关系的影响，丰富农产品供应链质量整合的理论研究。其次，实践上，我国农产品质量安全监管存在政府职能转变的滞后、行业协会作用受限、基层监管不力以及公众参与不足等问题（高凛，2019）。将社会协同监管纳入研究，不仅能为政府构建"企业自律、政府监管、社会协同、公众参与"的农产品质量安全社会监管体系提供决策依据，而且能促进农业企业在供应链质量整合实践中重视社会协同监管的作用。这是因为，随着社会协同监管水平的提高，企业面临的外部压力就会越大，这会倒逼企业更加密切与供应商、客户的联系，从而促进供应链质量整合对质量安全绩效的提升作用。

基于此，本章试图将农产品供应链质量整合与质量安全绩效和公司绩效联系起来，构建理论模型分析供应链质量整合对质量安全绩效和公司绩效的影响，并探讨社会协同监管在供应链质量整合影响质量安全绩效中的调节作用。

本章的研究一方面有利于从理论上明晰供应链质量整合对公司绩效的影响机理，并为农业企业开展全渠道模式下农产品供应链质量整合实践提供指导；另一方面也有助于政府充分认识到社会协同监管在保障农产品质量安全中的重要性，并为构建"社会化"的监管模式提供实证支持。

二、研究假设与理论模型

（一）农产品供应链内部质量整合与供应商和客户质量整合的关系

根据 Yu 和 Huo（2018）提出的供应链质量整合的概念，我们将农产品供应链质量整合（Agro-product Supply Chain Quality Integration）定义为在农产品"从田间到餐桌"流通的过程中，供应链核心企业从战略和运营层面上管理组织内和组织间与产品质量相关的活动，进而以低成本实现高水平质量安全绩效的过程。它包括内部质量整合和外部质量整合。内部质量整合（Internal Quality Integration）是指供应链核心企业将其内部与质量相关的战略、实践和程序等协作一致以满足客户对质量的要求。它关注的是企业内部部门间与质量相关的整合活动。外部质量整合（External Quality Integration）是指供应链核心企业将农产品供应链成员间与质量相关的战略、实践和程序协调一致以满足客户对质量的要求。外部质量整合也可以看作内部质量整合向上游供应商（农户/合作社/生产基地等）和下游客户的延伸和扩展，可分为供应商质量整合（Supplier Quality Integration）和客户质量整合（Customer Quality Integration）。供应商质量整合主要涉及与供应商在质量管理方面保持密切合作、与供应商进行有关质量改进的信息交流以及与供应商进行联合质量管理活动等，客户质量整合主要涉及与客户在质量管理方面保持密切合作、与客户一起解决质量相关的问题、客户及时反馈质量问题以及客户参与质量管理活动等。

已有研究表明，内部质量整合是外部质量整合的先决条件，内部质量整合有助于促进外部质量整合。Yu 和 Huo（2018）考察了关系资本、供应链质量整合、运营绩效三者之间的关系，研究发现，内部质量整合对外部质量整合有积极影响，内部质量整合代表了企业向外部伙伴学习有关质量改进知识的吸收能力，企业的吸收能力越强，就越有可能向外部合作伙伴学习，了解它们的质量管理业务流程，从而促进外部质量整合。Huo 等（2014）基于制造业的实证研究也表明，内部质量整合显著正向影响外部质量整合，内部质量整合是外部质量整合的基础。Eksoz 等（2019）、Irfan 和 Wang（2019）在食品供应链领域的研究也进一步证实了内部质量整合对外部质量整合有积极影响。

就农产品供应链整合而言，较高程度的内部质量整合意味着农业企业内部职能部门（如采购、生产、销售）为质量改进的协作会更加紧密和有效，这会使农业企业更有能力将其流程与供应商和客户的流程进行整合。此时，供应商会更加了解企业对产品质量的要求，而企业也会更加了解客户的质量需求，这会促进企业与供应商和客户在质量管理方面保持密切合作。因此，当农业企业内部质量整合水平较高时，会更有能力将内部资源进行重组与优化，并通过组织创新、管理创新或关系创新的方式实现与外部供应商和客户的质量合作。基于此，我们提出如下假设：

H1a：农产品供应链内部质量整合正向影响供应商质量整合

H1b：农产品供应链内部质量整合正向影响客户质量整合

（二）农产品供应链质量整合与农产品质量安全绩效的关系

农产品质量安全绩效（Agro-product Quality Safety Performance）是农产品供应链运营绩效的一种关键衡量指标。质量是指产品的内在物理特性或者客户消费后对产品质量的自我认知，安全是指食品专家对食用风险水平进行的评估或者消费者对食用安全水平的自我判断，安全是农产品质量的一部分（Grunert，2005）。学者们通常从客户对产品是否满意、产品质量是否优于竞争对手，以及是否发生质量安全事件等方面来评估质量安全绩效（Hong et al.，2020；Zeng et al.，2013）。

在食品领域，有研究表明，供应链质量整合可以最大限度地减少甚至消除产品缺陷，进而实现卓越的质量绩效。Song 等（2017）指出，食品企业通过推进内部各部门之间的合作、建立内部质量控制和管理团队，可以提升整个食品供应链的质量安全水平。Aruoma（2006）认为，供应商质量整合能够通过确保食品质量标准和优化质量管理流程显著提高质量绩效。Hong 等（2020）的实证研究也表明，优化内部质量管理和供应商质量管理对食品企业质量安全绩效有积极影响。同样，在质量方面与客户协作也会推动客户积极参与企业质量管理活动，并及时反馈质量问题，进而显著改善质量绩效。Zhang 等（2019）在研究双汇召回香肠事件的基础上指出，客户质量整合能够有效降低产品召回风险，为提高质量绩效，食品企业应该将质量管理过程和客户整合有效地结合起来。

就农产品供应链而言，农产品质量安全问题不仅取决于单个企业的质量管理水平，还取决于供应链各个阶段的质量管理水平。供应链质量整合可以有效地提高农业企业在整条供应链上的质量管理和协调能力，引导成员在供应链的每个阶段都严格执行质量标准并参与到质量管理中来，从而提高质量安全绩效。

首先，农业企业通过内部质量整合可以突破职能部门间的界限，促进质量问题的横向沟通，推动企业内部创建全员参与的质量管理文化，使每个员工都主动挑起质量管理的重任，每个部门都参照相同的质量标准，并通过协商与合作一起解决质量安全相关问题，从而为客户提供优质安全的农产品。此外，通过内部整合构建的质量问题解决小组和跨职能团队也能够提升质量决策的效率，以更高效的方式应对和解决质量相关问题，从而提高质量安全绩效。

其次，农业企业通过供应商质量整合可以强化上游供应商（农户、合作社、生产基地等）对质量标准的认识，不仅可以保证供应商在种植、养殖、初加工环节充分考虑市场需求，严格控制产品质量，还能够激励供应商为获得关系租金严格落实质量标准，持续改进农产品质量。此外，与供应商保持密切的长期合作关系、共享质量相关信息、推动供应商参与质量管理，还可以提高采购质量，帮助企业获得高质量的初级农产品，从而保证终端农产品的质量安全；反之，企业与供应商在质量改进方面的不充分合作可能会诱发供应商的机会主义行为，供应商为了利益可能会非法使用添加剂、化肥、农药等，甚至想方设法绕过质量检测过程，从而引发严重的质量安全危机。

最后，农业企业在质量方面与客户的协作，不仅有利于及时获得有关农产品质量信息的反馈，更好地了解并满足客户的质量需求，缩小与客户之间的"质量差距"，而且有利于企业和客户双方共同解决质量相关的问题。此外，农业企业通过客户质量整合，让客户参与质量管理活动，一定程度上是主动在农产品销售环节引入了一个监督主体，这会促使企业加强农产品销售环节的质量检测，进而更好地保障农产品质量安全。

总之，内部质量整合为质量安全绩效提升提供了资源基础和能力保障，供应商和客户质量整合提高了供应商、客户与企业之间的依赖性，也加深了供应商对质量标准的理解，并能够及时从客户那里获得有关质量信息的反馈，这有助于农产品质量安全绩效的改善。基于此，我们提出如下假设：

H2a：农产品供应链内部质量整合正向影响农产品质量安全绩效

H2b：农产品供应链供应商质量整合正向影响农产品质量安全绩效

H2c：农产品供应链客户质量整合正向影响农产品质量安全绩效

（三）农产品质量安全绩效与公司绩效的关系

供应链整合研究中的公司绩效（Firm Performance）通常是从市场和财务绩效两方面来衡量（Akmal et al.，2018）。市场绩效是指公司实现销量和市场份额增长等市场价值结果的程度，财务绩效（也称为商业绩效）是指公司实现销售利润率增长和投资回报率增长等盈利结果的程度。

传统营销理论认为，质量安全绩效影响企业声誉，进而影响财务绩效（Agus et al.，2000）。企业通过监测和改进产品质量，及时向市场提供优质产品，既能提高顾客满意度，又能促进顾客重复购买，提升销量，实现更好的市场绩效（Siddh et al.，2018）。Quang 等（2016）证实了制造业供应链质量管理会直接或间接提升公司财务绩效。Akmal 等（2018）的研究也表明，供应链质量管理对公司财务绩效和市场绩效有积极影响。

在食品供应链领域，Hong 等（2020）的实证研究也发现，质量安全绩效能够显著提高销售绩效。Song 等（2017）认为，提高食品质量安全水平能够向市场传递"高质量"的信号，并形成良好的企业声誉，有助于改善食品公司财务绩效。

当前，随着消费结构不断升级，优质农产品需求呈现快速增长态势。在这种背景下，农业企业通过供应链质量整合向市场提供安全、优质的农产品，既能满足个性化消费需求，提高顾客满意度和顾客黏性，也能提升企业的市场份额、盈利能力和投资回报。基于此，我们提出如下假设：

H3：农产品质量安全绩效正向影响公司绩效

（四）社会协同监管的调节作用

社会协同监管（Social Co-regulation）是政府监督与社会自治的结合（Gunningham and Rees，1997）。实现最佳监管效果，必须将"严格"的命令、控制与"纯粹"的自我监管结合起来，即社会协同监管应包括供应链中的所有行为主体，如政府、企业、客户、消费者、公众、媒体等（Rouvière and Caswell，2012；Chen et al.，2015）。

学术界多将社会协同监管与食品安全问题相结合来讨论，认为食品安全问题实质上反映的是由于社会协同监管缺失导致的供应链的脆弱性。为此，农产品一方面亟待加强供应链质量整合以提高质量安全水平，另一方面也亟待加强社会协同监管体系建设。在供应链质量管理背景下，社会协同监管有助于更好地发挥农产品供应链质量整合对农产品质量安全绩效的提升作用。其原因在于，社会协同监管水平越高，农业企业面临的外部压力越大，这会倒逼企业更加重视内部质量管理，并密切与供应商和客户的联系，从而增强供应链质量整合对质量安全绩效的提升作用。

具体而言，随着社会协同监管水平的提高，为保障农产品质量安全，农业企业会更加愿意投入资源建立内部质量管理和控制系统，更加主动地利用跨职能团队来处理质量相关问题，从而促进内部质量整合对质量安全绩效的提升作用。同样，在有效的社会协同监管下，农业企业会更加重视与供应商的质量合作，这是因为供应商处于供应链的源头，对农产品质量安全起着决定性作用。企业也会更加重视客户的质量信息反馈，这是因为这有利于快速了解在质量方面的不足，并着力改进质量，从而提高农产品质量安全绩效。Chen 等（2015）的研究指出，食品企业在进行供应链质量整合时，如果有政府的监管，那么供应链质量整合可以更有效地提升质量安全绩效。Hong 等（2020）的研究也已证实，社会协同监管有助于促进食品供应链内部质量管理和客户质量管理对质量安全绩效的提升作用。

基于以上分析，我们认为，农产品供应链质量整合对质量安全绩效的影响受到社会协同监管的调节，即社会协同监管水平越高，供应链质量整合对农产品质量安全绩效的影响就会越强。因此，我们提出如下假设：

H4a：社会协同监管正向调节内部质量整合对农产品质量安全绩效的影响

H4b：社会协同监管正向调节供应商质量整合对农产品质量安全绩效的影响

H4c：社会协同监管正向调节客户质量整合对农产品质量安全绩效的影响

（五）理论模型

本章提出的理论模型如图 6-1 所示。该模型主要是以资源基础观（RBV）为理论基础。RBV 认为，企业的资源包括有形资源（如原材料、设备、资本等）和无形资源（如企业的声誉、信息、组织过程，以及与客户、供应商或其他利益相关者的关系等）。企业成长的关键是通过资源整合形成资源壁垒（资源独特性和难以复制性），从而获得竞争优势。RBV 为企业制定资源战略以提高效率（如质量改进、柔性增强），进而获得更好的绩效奠定了理论基础（Barney，2012）。将 RBV 应用于此，农产品供应链质量整合可被视为农业企业通过内部协同及与供应链成员的协作，以获取独特资源和能力的一种手段。这种独特资源和能力有助于农业企业与供应链合作伙伴形成集成化的业务流程，以促进质量安全绩效和公司绩效的改善。因此，RBV 为本章研究提供了一个合适的理论视角，这是因为它能够很好地解释企业资源特征与绩效之间的关系。

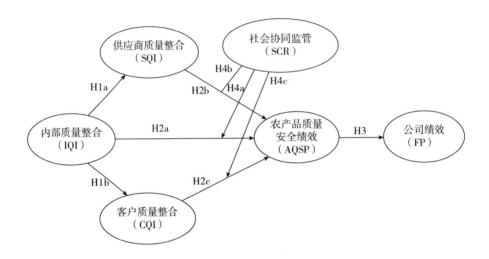

图 6-1　理论模型

三、研 究 设 计

（一）变量测量与量表设计

我们采用成熟的量表对变量进行测量，为了保证测量的有效性和准确性，首先结合我国农产品供应链的实际情况对原始量表进行了适当的修改，并邀请供应链领域专家进行了审阅；其次进行了预调查，并与被试者进行了面对面的讨论，基于被试者的反馈，删除了一些问项，并对问项的措辞、逻辑、顺序进行了修改；最后形成正式量表如表 6-1 所示。所有问项的测量采用 5 级李克特量表法，用 1~5 分别表示非常不同意至非常同意。

表 6-1　测量量表

构面	编码	问项	来源
内部质量 整合（IQI）	IQI1	公司专门组建了跨职能团队解决农产品质量相关问题	Yu 和 Huo （2018）
	IQI2	在解决产品质量相关问题过程中，公司听取专业团队成员的意见	
	IQI3	公司通过小组会议解决农产品质量相关问题	
供应商 质量整合 （SQI）	SQI1	公司与主要供应商（农户/合作社/生产基地等，下同）在农产品质量管理方面保持紧密合作	Yu 和 Huo （2018）
	SQI2	公司与主要供应商在农产品质量改进方面保持着密切的沟通	
	SQI3	主要供应商积极参与公司的质量管理活动	
	SQI4	公司帮助主要供应商改进其生产加工流程，以更好地满足公司的质量要求	
客户质量 整合（CQI）	CQI1	公司与主要客户在农产品质量管理方面保持紧密合作	Yu 和 Huo （2018）
	CQI2	公司与主要客户一起解决农产品质量相关问题	
	CQI3	主要客户积极参与公司的质量管理活动	
	CQI4	主要客户会及时向公司反馈农产品质量相关问题	
农产品质量 安全绩效 （AQSP）	AQSP1	近年来，主要客户对公司的产品质量很满意	Hong 等 （2020）
	AQSP2	近年来，公司产品的质量优于竞争对手	
	AQSP3	近年来，公司没有发生农产品质量安全事件	
公司绩效 （FP）	FP1	同竞争者相比，近年来公司"市场份额"增长很快	Flynn 等 （2010）
	FP2	同竞争者相比，近年来公司"销售利润率（ROS）"较高	
	FP3	同竞争者相比，近年来公司"投资回报率（ROI）"较高	
社会协同 监管 （SCR）	SCR1	政府为公司提供农产品质量安全管理方面的培训	Hong 等 （2020）
	SCR2	公司建立了契合社会规制的内部控制系统	
	SCR3	第三方（如媒体、消费者、公众和社会组织）可以检查、传播与我们公司产品质量安全相关的信息	

（二）数据收集与样本描述

本章的数据来源于 2020 年 9 月至 2021 年 1 月在武汉、湖南、江西等地参加农业博览会、中国农产品供应链大会、农产品交易会、农产品展销会的农业企业的问卷调查。之所以选择此种方式进行调查，是因为参会企业来源广泛、企业类型多样、经营品种多样，样本的代表性较强。具体调查过程是，调查小组首先在参会名录上随机选取农业企业，然后到展台发放问卷，问卷填写者均为有农产品供应链管理经验的企业负责人、采购/物流主管、运营主管等。对现场不方便填写问卷者，调查小组通过网上点对点发放网络问卷。为提高网络问卷的回收率，调查小组对完成网络问卷填写者发放了小额微信红包。此次调查共收集到 314 份问卷，剔除 21 份无效问卷（答题时间少于 2 分钟、漏填超过 1/3、选项过于集中的问卷），共获得有效问卷 293 份，其中加工企业问卷 223 份（选择加工企业的原因在第五章已经阐述）。样本均来自采用全渠道营销（实体渠道+电商渠道+移动电商渠道）的企业问卷。

加工企业的样本描述性统计（见表 6-2）表明，被调查企业员工人数多在 50 人以下（占比 57.85%），年营业收入集中在 100 万（含）~2000 万元之间（占比 65.02%），企业性质多为私营企业（占比 74.44%），经营产品涉及多产品类型。总体来看，这与《中国农产品加工业年鉴（2017）》的我国农业企业特征（中小型规模居多、以私营企业为主）基本一致，样本具有较好的代表性。

表 6-2　样本描述性统计

特征变量	类别	频次	占比（%）
员工人数	50 人以下	129	57.85
	50（含）~300 人	63	28.25
	300 人（含）以上	31	13.90
年营业收入	100 万元以下	46	20.63
	100 万（含）~500 万元	80	35.87
	500 万（含）~2000 万元	65	29.15
	2000 万元（含）以上	32	14.35
企业性质	国有企业	22	9.87
	集体企业	23	10.31
	三资企业	7	3.14
	私营企业	166	74.44
	其他	5	2.24

续表

特征变量	类别	频次	占比（%）
经营产品[a]	粮油类	89	39.91
	肉类	84	37.67
	蛋类	87	39.01
	奶类	62	27.80
	蔬菜	84	37.67
	水果	75	33.63
	水产品	58	26.00
	其他	36	16.14

注：a—此题为多选题。

四、实证分析

（一）共同方法偏差

根据 Podsakoff 等（2012）的建议，我们采用多项程序控制技术，以减少 CMB 的潜在影响。首先，明确所有的问项的答案无正确错误之分，被试者都是匿名回答，所有问项都有明确的内容指向，不存在含糊不清的问题，对所有问项进行了合理的顺序设置，问卷时长控制在 7 分钟以内。其次，被试者被告知，调查数据仅用于学术研究，研究结果会及时向他们反馈，研究结果可能有利于他们公司的运营，以鼓励他们提供真实的回答，从而有效减少数据失真。最后，每一个被试者均来自不同企业、不同部门或不同岗位的人员，从而对测量进行了空间上的分离，同时要求每个被试者完全根据公司当前的现状来完成问卷，从而减少社会期许性偏差。

统计控制上，根据 Podsakoff 等（2012）的建议，首先应用 Harman 单因子方法检验 CMB，结果显示，因子分析共萃取了 6 个因子，第 1 个因子解释了 43.62% 的方差变异（没超过 50%）；其次运用验证性因子分析（CFA）评估单因子模型，结果显示，模型拟合指数较差，这表明单因子模型不能完全解释6个构念；最后在测量模型中加入一个共同方法偏差因子，这种方法也被称为"潜在误差变量控制法"，所形成的模型称为"双因子模型"，这是 CMB 最稳健的检验方法。结果显示，"双因子模型"的拟合指数与测量模型的拟合指数并没有显著不同（CFI、TLI 和 IFI 增幅没超过 0.1，RMSEA 降幅没超过 0.05）（温忠麟等，2018）。而且，尽管包含了一个共同方法偏差因子，但"双因子模型"所有因子载荷仍在 0.01 水平上显著（Yu et al.，2013）。这些统计分析表明，本章研究中的 CMB 并不严重。

（二）信度与效度检验

我们采用 Cronbach'α 系数检验量表的信度水平，Cronbach'α 系数大于 0.7 表明量表信度水平良好。在本章研究中，内部质量整合、供应商质量整合、客户质量整合、农产品质量安全绩效、公司绩效、社会协同监管各构面的 Cronbach'α 系数均大于 0.7（见表 6-3），说明量表具备良好的信度。

表 6-3　测量模型

构面	问项	偏度系数（Skewness）	峰度系数（Kurtosis）	标准化因子载荷（Loading）	组合信度（CR）	平均方差萃取量（AVE）
内部质量整合（IQI）α = 0.841	IQI1	−0.580	−0.286	0.723 ***	0.842	0.642
	IQI2	−0.894	0.498	0.817 ***		
	IQI3	−0.735	0.403	0.857 ***		
客户质量整合（CQI）α = 0.834	CQI1	−0.839	1.001	0.754 ***	0.839	0.567
	CQI2	−0.927	1.011	0.791 ***		
	CQI3	−0.591	−0.017	0.666 ***		
	CQI4	−0.991	0.765	0.793 ***		
供应商质量整合（SQI）α = 0.810	SQI1	−0.807	0.359	0.756 ***	0.816	0.527
	SQI2	−0.776	0.378	0.752 ***		
	SQI3	−0.887	0.555	0.645 ***		
	SQI4	−0.717	0.297	0.744 ***		

续表

构面	问项	偏度系数 （Skewness）	峰度系数 （Kurtosis）	标准化因子载荷 （Loading）	组合信度 （CR）	平均方差萃 取量（AVE）
农产品质量 安全绩效 （AQSP） α=0.805	AQSP1	−0.915	0.992	0.757***	0.806	0.581
	AQSP2	−0.855	0.464	0.761***		
	AQSP3	−0.943	1.067	0.769***		
公司绩效 （FP） α=0.803	FP1	−0.814	0.705	0.684***	0.815	0.596
	FP2	−1.046	1.388	0.864***		
	FP3	−0.659	0.247	0.758***		
社会协同监管 （SCR） α=0.786	SCR1	1.110	1.481	0.721***	0.786	0.550
	SCR2	0.587	0.136	0.712***		
	SCR3	0.823	0.417	0.790***		

注：n=223；***表示 p<0.001；拟合指标：χ^2=227.724，df=155，χ^2/df=1.469（p=0.000），TLI=0.960，CFI=0.968，IFI=0.968，RMSEA=0.046。

对收敛效度和区别效度，我们采用 Fornell 和 Larcker（1981）的标准对测量模型进行检验，估计结果如表6-3和表6-4所示。从表6-3和表6-4可以看出，各测量问项的标准化因子载荷均高于0.5且在0.05水平下显著，各构面的组合信度（CR）均超过0.7，平均方差萃取量（AVE）均超过0.5，所有构面的 AVE 的平方根均大于该构面与其他构面之间的相关系数，因此，测量模型具有良好的收敛效度和区别效度。

表6-4 区别效度

	IQI	SQI	CQI	AQSP	FP	SCR
内部质量整合（IQI）	0.801					
供应商质量整合（SQI）	0.683	0.726				
客户质量整合（CQI）	0.647	0.653	0.753			
农产品质量安全绩效（AQSP）	0.697	0.716	0.702	0.762		
公司绩效（FP）	0.675	0.694	0.661	0.701	0.772	
社会协同监管（SCR）	0.659	0.601	0.653	0.662	0.624	0.742

注：对角线上数字表示平均方差萃取量（AVE）的平方根，其他数字表示变量间的相关系数。

（三） 结构模型估计

我们采用 Amos25 提供的最大似然法（ML）对结构模型进行估计。此方法要求数据必须符合多变量正态分布，样本量与观测变量的比值在 10∶1 以上，且样本量数至少要大于 100（Hair et al.，1998）。在本章研究中，各观测变量的偏度系数（Skewness）绝对值小于 3，峰度系数（Kurtosis）绝对值小于 7（见表 6-3），结构模型的 Mardia 系数（表征多变量正态分布的指标）为 25.269，小于 p（p+2）= 17×19 = 323（p 为观测变量个数），根据 Bollen（1989）和 Kline（1998）的建议，可以认为数据基本符合单变量和多变量正态分布。此外，结构模型中观测变量个数为 17，有效样本量为 223，样本量与观测变量的比值超过了 10∶1，达到了 ML 估计法对样本量的要求。结构模型的估计结果如表 6-5 所示。路径系数的标准化估计结果如图 6-2 所示。

表 6-5　结构模型的估计结果

路径	标准化系数（βs）	非标准化系数（β）	标准误（S.E.）	z 值	p 值
供应商质量整合（SQI）←内部质量整合（IQI）	0.715	0.684	0.094	7.264	***
客户质量整合（CQI）←内部质量整合（IQI）	0.678	0.829	0.102	8.096	***
农产品质量安全绩效（AQSP）←内部质量整合（IQI）	0.191	0.190	0.107	1.771	0.077
农产品质量安全绩效（AQSP）←供应商质量整合（SQI）	0.449	0.469	0.101	4.636	***
农产品质量安全绩效（AQSP）←客户质量整合（CQI）	0.413	0.337	0.068	4.962	***
公司绩效（FP）←农产品质量安全绩效（AQSP）	0.777	0.752	0.086	8.761	***

注：n=223；*** 表示 p<0.001；拟合指标：χ^2 = 198.181，df = 113，χ^2/df = 1.754（p = 0.000），TLI = 0.946，CFI = 0.955，IFI = 0.956，RMSEA = 0.058。

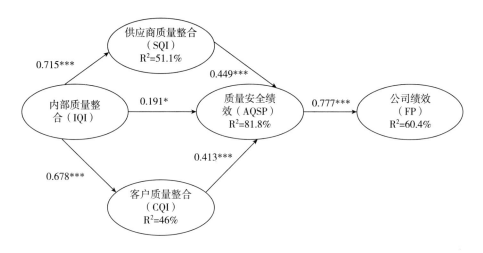

图 6-2　路径系数的标准化估计结果

注：＊＊＊表示 p<0.001，＊表示 p<0.1。

从表 6-5 和图 6-2 可以看出：

（1）内部质量整合在 0.001 水平下显著正向影响供应商质量整合和客户质量整合，假设 H1a 和假设 H1b 得到了支持。这说明，当加工企业内部质量整合水平较高时，会更有能力将其流程与供应商和客户的流程进行整合，从而推动与供应商和客户的质量合作。企业通过内部整合消除了职能障碍，促进了内部各部门之间业务协同和跨部门协作，这有助于更好地与供应商和客户进行互动，从而在农产品质量管理方面保持紧密合作。这一研究发现也进一步表明，农产品供应链内部质量整合是外部质量整合的基础。因此，加工企业必须要把内部质量整合放在首要位置，否则，企业与外部成员之间的质量合作就不能有效地进行。

（2）内部质量整合、供应商质量整合和客户质量整合分别在 0.1、0.001 和 0.001 水平下显著正向影响农产品质量安全绩效，假设 H2a、假设 H2b 和假设 H2c 均得到了支持。这说明，农产品供应链质量整合能够提高企业在整个链上的质量保证能力，从而有效提升质量安全绩效。"盒马鲜生"成功的关键就在于它通过供应链质量整合，构建了一个高效的供应链质量保证体系，确保了供应链的质量保证能力。首先，它通过订单农业的形式与上游农户开展质量合作，帮助农民制定原材料质量标准（如种养殖标准、土地标准、水资源标准），指导农户改进生产加工流程，使农民按公司质量要求开展种植或养殖活动，从供给侧构建起了供应链质量保障体系。其次，它还建立了一支专业的跨职能供应链运作团队，通过与生产基地合作，开展农产品直采，并统一监测产品从采摘到销售的一系列过程，从内部质量管理方面保障了食品的品质、新鲜度和安全性。最后，"盒马鲜生"还通过端到端的在线化的数字识别系统加强与顾客的交互，鼓励顾客参与公司的质量管理活动，将原材料和顾客口味需求、健康安全需求结合在一起，从需求识别、客户交互方面不断提升供应链质量保证能力。

然而，与内部质量整合相比，外部质量整合对质量安全绩效的影响更大。我们认为可能的原因是，即使加工企业内部有专门的质量管理团队，但由于人员素质不高，或者技术手段不成熟，在质量管理能力上可能还显不足。另外，也有企业将内部质量管理团队视为应付政府或相关机构质量检查的"工具"，而忽视了其在质量控制中的战略性作用。正如 Hong 等（2020）在研究食品供应链质量管理与质量安全绩效关系时所指出的那样，食品加工企业只是在接受政府或相关机构的检查时，才会改进其内部质量控制，一旦检查结束，内部质量控制就会立即松懈。此外，研究还发现，相较于内部和客户质量整合，供应商质量整合对质量安全绩效的影响更大。这意味着，加工企业与供应商在质量管理方面的合作更能促进质量安全绩效的提升。这一结论符合农产品供应链特征。由于，供应商是农产品供应链的源头，供应商提供的初级农产品会直接影响最终产品质量，许多农产品质量安全事件也主要是由上游供应商的投机行为导致的，因此，加工企业为提高农产品质量安全绩效，自然会更加重视供应商质量整合。

但也有研究指出，供应商整合对质量绩效有负面影响（Narasimhan et al.，2010）。Das 等（2006）研究了供应商整合的正负效应，认为在供应商整合过程中，会存在一个收益与成本相等的转折点，应该采用一种动态的视角来看待供应商整合效应。就农产品供应链整合而言，当供应商质量整合程度较低时，企业与供应商的质量信息交流和质量合作尚不充分，不能确保农产品供应链具有稳定的质量保证能力，从而导致质量安全绩效较差；但当供应商质量整合程度很高时，组织僵化问题开始出现，企业对供应商的管理可能会变得松懈，这会削弱供应商的市场压力，此时，企业与供应商会形成不健康的"互惠规范（Norms of Reciprocity）"，并导致低质量的产品采购，从而危及质量安全绩效。因此，本章研究认为，一个中等程度的供应商质量整合可能更有利于农产品质量安全绩效的改善，但这需要进一步检验。

（3）质量安全绩效在 0.001 水平下显著正向影响公司绩效，假设 H3 得到支持。这一结果与运营管理领域的一些研究结论相一致（Li et al.，2006；Arda et al.，2019）。这意味着，农产品质量安全绩效的改善对提升公司绩效具有重要作用，质量安全绩效的改善使企业能够及时向市场提供"品质优良、安全性高、顾客满意"的农产品，这有助于提高企业市场份额、盈利能力和投资回报。河南华英集团（中国鸭业第一家上市公司）的成功就在于以自身全球供应链优势为基础，通过供应链质量整合，不断提高产品品质，真正实现了从源头到餐桌一体化，取得了不俗的经营业绩。一方面，华英集团依托内部质量管理团队，通过优化内部流程、加强内部质量管理（疫病控制+残留控制+卫生控制+三级兽医管理体系）提升了肉鸭养殖、加工的品质，实现了以"安全保障标准化、品质管控标准化和加工处理标准化"为导向的供应链内部质量整合。另一方面，华英集团依托养殖基地建设（占公司肉鸭出栏总量的80%以上）、全球销售网络、生鲜冷链创新，实施供应链外部质量整合，形成了一个以商品品质、安全为核心经营模式的肉鸭全产业链生态圈，通过基地养殖、控制源头、品质定制、统一管理，为客户提供安全、优质、放心的高品质禽肉产品。当前，华英集团的肉鸭产品已远销全球 40 多个国家和地区，在日本和韩国的所占市场份额分别近 50%和 80%，2019 年入选农业部全国农产品加工业 100 强企业。

但也有研究指出，质量绩效对公司绩效并没有直接影响，它们之间存在间接的关系。比如，Lakhal 和 Pasin（2008）的实证研究表明，产品质量会通过影响顾客满意和内部流程间接影响公司绩效。徐静等（2015）的研究也证实，农业企业的产品质量承诺（定义为承诺提供高质量的农产品）会通过提高客户满意度间接改善企业公司绩效。但这并不意味着企业在产品质量上的投资是浪费的；相反，产品质量会直接影响绩效因素（Performance Factors），而绩效因素又会直接影响公司绩效（Lakhal and Pasin，2008）。

（四）中介效应分析

为考察结构模型中可能存在的中介效应，我们采用 AMOS25 提供的 Bootstrap 方法估计了所有间接路径的中介效应，结果（见表 6-6）表明，所有间接路径的 90% 置信区间均不包含 0，这说明所有间接路径均存在中介效应。具体来说，供应商和客户质量整合在内部质量整合影响质量安全绩效中发挥了部分中介效应。质量安全绩效在内部质量整合、供应商质量整合和客户质量整合影响公司绩效中发挥了完全中介效应。供应商质量整合、客户质量整合、质量安全绩效在内部质量整合影响公司绩效中也发挥了完全中介效应。

表 6-6 中介效应的 Bootstrap 估计结果

路径	间接效应的估计	间接效应的置信区间	直接效应的置信区间
IQI→AQSP→FP （完全中介）	0.023	（0.010，0.157）	（-0.011，0.478）
SQI→AQSP→FP （完全中介）	0.076	（0.057，0.278）	（-0.014，0.563）
CQI→AQSP→FP （完全中介）	0.058	（0.056，0.227）	（-0.019，0.453）
IQI→（SQI+CQI）→AQSP （部分中介）	0.594	（0.382，0.883）	（0.096，0.392）
IQI→（SQI+CQI）→AQSP→FP （完全中介）	0.763	（0.375，1.203）	（-0.011，0.478）

以上结果表明，农产品供应链内部质量整合会通过促进外部质量整合（供应商和客户质量整合）提升农产品质量安全绩效，而质量安全绩效的提高会显著改善公司绩效，"质量安全绩效"在"供应链质量整合影响公司绩效"的作用机制中发挥了完全中介作用，提升公司绩效的关键在于提升质量安全绩效。这是因为，质量安全绩效的改善能够提高客户满意度和客户黏性，从而提升企业的市场份额、盈利能力和投资回报。

此外，从中介效应检验结果也可以看出，供应链质量整合三个维度对公司绩效均没有显著影响（直接效应的置信区间均包含 0），原因与第五章类似。一方面，供应链质量整合需要进行大量投资，加工企业与供应商和客户的质量整合也可能会产生较高的协调成本，这可能会减少公司的财务收益。另一方面，我国大多数农产品加工企业都是中小型企业，可能还处于供应链质量管理的早期阶段，尚没有完全引入供应链质量管理（SCQM）理念和方式，因此，供应链质量整合的经济效应可能还没有得到很好的发挥。

（五）调节效应分析

我们采用 Hayes（2013）提供的 PROCESS 程序，分析社会协同监管在"供应链质量整合影响质量安全绩效"中的调节作用。在 Hayes 提供的 PROCESS 检验程序中，模型选择 1，并选择数据去中心化处理，设定 Bootstrap 样本量为 5000，置信区间选择偏差校正法。调节效应估计结果如表 6-7 所示。

表 6-7　调节效应估计结果

模型	变量	非标准化系数	标准误	t 值	p 值	拟合参数
模型 1 （IQI→AQSP， SCR 调节）	常量	1.704	0.380	4.488	0.000	$R^2 = 0.551$， $F = 46.530$ （$p < 0.001$）
	IQI	0.088	0.057	1.535	0.126	
	SCR	0.028	0.085	-0.333	0.739	
	IQI×SCR	0.141*	0.067	2.109	0.036	
	CQI（控制）	0.298	0.104	2.868	0.005	
	SQI（控制）	0.308	0.074	4.152	0.000	
模型 2 （SQI→AQSP， SCR 调节）	常量	2.277	0.406	5.607	0.000	$R^2 = 0.561$， $F = 50.325$ （$p < 0.001$）
	SQI	0.263	0.068	3.871	0.000	
	SCR	0.016	0.085	0.185	0.853	
	SQI×SCR	0.128**	0.047	2.732	0.007	
	CQI（控制）	0.301	0.099	3.037	0.003	
	IQI（控制）	0.164	0.069	2.366	0.019	
模型 3 （CQI→AQSP， SCR 调节）	常量	2.126	0.557	3.814	0.000	$R^2 = 0.540$， $F = 44.527$ （$p < 0.001$）
	CQI	0.305	0.102	2.976	0.003	
	SCR	0.042	0.075	0.568	0.570	
	CQI×SCR	0.005n. s.	0.079	0.069	0.945	
	IQI（控制）	0.172	0.082	2.088	0.038	
	SQI（控制）	0.321	0.090	3.576	0.000	

注：** 表示 $p < 0.01$；* 表示 $p < 0.05$；n. s. 表示在 0.05 水平下不显著。

从表 6-7 可以看出，社会协同监管显著正向调节了内部质量整合和供应商质量整合对质量安全绩效的影响，交互项系数分别为 0.141（p<0.05）和 0.128（p<0.01），假设 H4a 和假设 H4b 得到了支持。即社会协同监管水平越高，农产品供应链内部质量整合和供应商质量整合对农产品质量安全绩效的作用就会越强。

一方面，随着社会协同监管水平的提高，加工企业面临的外部压力会增强，这会倒逼企业更加重视内部质量管理，从而提高对质量安全的重视程度。目前，我国很多农产品加工企业尚未建立完善的内部质量管理和质量控制体系，少数加工企业无视国家法律和法规，对生产流程控制不严，造成严重质量安全事件。因此，加强社会协同监管，可以帮助企业识别质量安全隐患，倒逼企业完善内部质量管理和控制体系，进而提高质量安全绩效。另一方面，在有效的社会协同监管下，加工企业将更加重视与供应商的质量合作，这是因为供应商处于供应链的源头，对产品质量安全起着决定性作用。这与 Tse 等（2016）和 Ali 等（2017）的结论一致。他们的研究认为，加强食品供应链供应商质量管理可以增强供应商的可视性和可追溯性，从而减少质量安全事故发生的频率。

然而，与预期相反，社会协同监管在客户质量整合影响质量安全绩效的关系中没有发挥调节作用，假设 H4c 没有得到支持。这与 Hong 等（2020）的研究结论不一致。他们的研究表明，社会协同监管对客户质量管理与质量安全绩效之间的关系有正向调节作用。我们认为，产生这一结果的原因可能在于，客户处于消费端，农产品质量安全与其切身利益紧密相关，客户"天然"地会对农产品质量安全格外关注，不会因社会协同监管水平高低改变对质量安全关注的初衷。同时，客户也是社会协同监管体系中的一员，具有反馈质量问题的内在动力，不论社会协同监管水平高低如何，他们都愿意参与到产品质量改进中去，进而推动加工企业有效地追溯和处理农产品质量安全问题。

五、结论与建议

（一）研究结论

本章结合全渠道发展要求（提高消费者体验水平）和农产品供应链特点（关注质量安全），构建了供应链质量整合与公司绩效的关系模型，实证分析了农产品供应链质量整合对公司绩效的影响及其作用机理，并探讨了社会协同监管的调节作用，得出如下结论：

第一，内部质量整合对供应商和客户质量整合有积极影响，内部质量整合是外部质量整合的基础。加工企业只有在拥有较高水平的内部质量整合能力时，才能实现高水平的外部质量整合。第二，供应链质量整合的三个维度均对农产品质量安全绩效有积极影响。但相较于内部和客户质量整合，供应商质量整合对质量安全绩效的影响更大，企业与供应商在质量管理方面的合作更能促进质量安全绩效的改善。第三，农产品质量安全绩效对公司绩效有积极影响。质量安全绩效的改善使加工企业能够及时向市场提供"品质优良、安全性高、顾客满意"的农产品，进而提升公司绩效。此外，"农产品质量安全绩效"在"供应链质量整合影响公司绩效"的作用机制中发挥了完全中介作用，提升公司绩效的关键在于提升质量安全绩效。第四，社会协同监管正向调节了内部质量整合和供应商质量整合对质量安全绩效的影响。即加强社会协同监管，有利于增强内部质量整合和供应商质量整合对农产品质量安全绩效的作用效果。

（二）实践建议

以上这些结论不仅有助于为农业企业开展全渠道供应链质量整合实践提供指导，也有助于为政府构建"社会化"监管模式提供实证支持。基于此，我们提出如下实践建议：

第一，实施供应链质量管理（SCQM）。SCQM是指将质量管理和供应链管理相结合，以帮助企业建立有竞争力的供应链的一个正式协作和整合的业务流程，且在这个流程中，所有供应链成员都参与到对产品质量的持续改进中来，以达到满足客户需求的目的（Robinson and Malhotra，2005）。SCQM旨在用质量管理的思想来解决供应链中的质量问题。实施SCQM不仅涉及企业内部质量管理，而且还涉及外部供应链成员的质量管理（Truong et al.，2017）。因此，一方面，农业企业要在现有资源的基础上，重新调整组织架构，重组并改造业务流程，提高内部运作和跨部门协作效率，努力完善内部质量控制体系；另一方面，农业企业要加强与上游供应商的合作，与供应商进行联合质量管理，共同解决可能出现的产品质量问题。这里需要强调的是，农业企业应根据质量而不是成本选择供应商，这样可以更好地管理和控制原材料的来源，减少由供应商机会主义行为导致的质量安全问题发生的可能性（Chen and Paulraj，2004）。此外，农业企业还要加强与客户在质量反馈方面的合作，让客户真正参与到质量管理中来，这是因为客户的反馈对于企业及时获取质量需求信息进而改进产品质量至关重要（Huo et al.，2016）。

第二，加强社会协同监管。本章研究证实了社会协同监管正向调节内部质量整合、供应商质量整合与农产品质量安全绩效的关系。这一研究结果有助于政府认识到设计一个系统的、多主体合作的农产品质量安全监管机制和监管体系的重要性。这需要政府、消费者和社会组织围绕农产品的质量安全进行战略协作，强化质量安全的全社会监管。一方面，政府要加强对农业企业质量安全问题专题培训和诚信教育，引导企业进行自我管制和自我约束，既要发挥政府监管的"正面战场"作用，也要大力推动企业向"自主型监管"转变。另一方面，政府要引导社会力量参与到农产品质量安全监管中来，充分发挥公众、行业协会、新闻媒体等社会力量在质量安全监管中的作用，建立政府与社会组织之间的联动机制和会商制度，打造"社会化"监管模式。

本章小结

本章结合全渠道供应链整合的要求（提高客户消费体验水平）和农产品供应链特点（关注质量安全），设计了以供应链质量整合为前因变量、以农产品质量安全绩效为中介变量、以公司绩效为结果变量的研究模型，实证分析了农产品供应链质量整合对公司绩效的影响机理，并探讨了社会协同监管的调节作用。研究表明，农产品供应链内部质量整合对供应商质量整合和客户质量整合有积极影响，内部质量整合、供应商质量整合和客户质量整合对质量安全绩效甚至公司绩效也有积极影响。但相较于内部质量整合和客户质量整合而言，供应商质量整合对农产品质量安全绩效的影响更大。"农产品质量安全绩效"在"供应链质量整合影响公司绩效"的作用机制中发挥了完全中介作用，提升公司绩效的关键在于提升农产品质量安全绩效。此外，研究还发现，社会协同监管正向调节了内部质量整合和供应商质量整合对农产品质量安全绩效的影响，即加强社会协同监管，有利于增强内部质量整合和供应商质量整合对农产品质量安全绩效的作用效果。本章的研究一方面有利于从理论上明晰供应链质量整合对公司绩效的影响机理，并为农业企业开展全渠道模式下农产品供应链质量整合实践提供指导；另一方面也有助于政府充分认识到社会协同监管在保障农产品质量安全中的重要性，并为构建"社会化"的监管模式提供实证支持。

第七章　全渠道模式下农产品供应链整合的实现路径与保障机制

本章主要结合"整合—绩效"实证分析结果，并依据整合理论分析框架，从内生和外引两个层面提出全渠道模式下农产品供应链整合的实现路径，从需求分析与反馈机制、物流配送与追溯机制、信息共享与治理机制、利益协调与分配机制等方面提出全渠道模式下农产品供应链整合的保障机制。

一、全渠道模式下农产品供应链整合的实现路径

（一）路径选择的基本原则和理论框架

由第四章分析可知，全渠道模式下农产品供应链整合是由内外因素共同作用的结果，受制于经济社会发展水平、技术资源约束和政府体制目标的制约。因此，推进全渠道模式下农产品供应链整合必须考虑经济、社会、科技发展的现实，根据自身条件和政府供应链管理体制的政策目标相机抉择，在实践中应遵循以下原则：

第一，坚持问题导向原则。推进全渠道模式下农产品供应链整合必须要对全渠道模式下农产品供应链发展现状及运作特点有深刻把握，识别可能导致农

产品供应链低效率的"锁定"因素①，坚持问题导向原则。

第二，坚持以效率与效益为中心的原则。全渠道模式下农产品供应链整合的最终目标是通过改善资源配置效率，提高供应链各环节的福利，提升整个供应链系统的效率和效益，这是推进农产品全渠道供应链整合的根本保障。

第三，坚持统筹兼顾协调发展的原则。全渠道模式下农产品供应链整合既涉及供应链系统自身的变革，也包括政府政策的变革，它们彼此之间紧密相连、相互影响、相互作用。因此，推进全渠道模式下农产品供应链整合必须坚持供应链系统自身的变革与政府政策变革相互协调、同步推进。

第四，坚持顺势而为的原则。全渠道模式下农产品供应链整合应合乎经济、社会发展和消费者购买模式变化的需要，合乎供应链系统自身发展变革趋势，充分利用现代信息技术和新商业模式优势，提供技术和方式上的支持。

第五，坚持内生路径和外引路径相结合的原则。农产品供应链整合受到市场"看不见的手"和政府"看得见的手"的共同影响。因此，推进全渠道模式下农产品供应链整合，应联合发挥市场机制和政府力量，在路径选择上走内生和外引相结合的道路。

基于以上分析，本章研究提出全渠道模式下农产品供应链整合的路径选择理论框架（见图7-1）。

（二）内生路径

1. 打造基于大数据技术的农产品供应链一体化链条

随着电子信息技术的不断发展，大数据技术已经在农产品生产、加工、物流配送、消费等各环节得到初步应用。基于此，全渠道模式下农产品供应链整合的关键在于，在农产品生产、加工、流通、消费各节点嵌入大数据技术，应用数据采集和分析系统对农产品流通中的各类信息进行采集、融合、处理，构建基于大数据信息平台的智能交易网络，打造基于大数据技术的供应链一体化链条（见图7-2）。

---

① 这些"锁定"因素主要包括需求响应不足、信息平台建设滞后，成员关系松散，组织化程度低，供应链整体协同性低，缺乏全渠道运营能力，信息利用程度较低，物流追溯能力较弱，质量安全管理体系欠缺，流通基础设施薄弱，政策支持不足等问题。

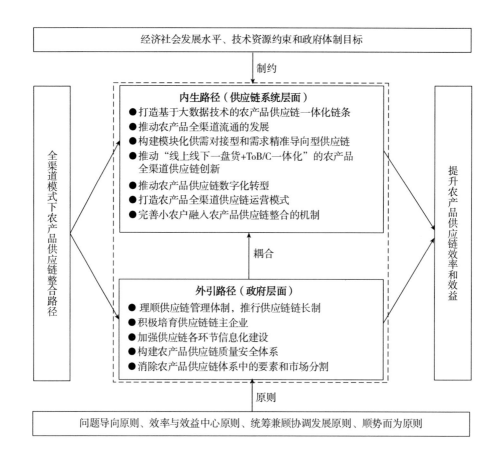

图7-1 全渠道模式下农产品供应链整合路径选择理论框架

一是在生产资料采购环节，利用大数据技术对相关供应商进行筛选，了解各供应商产品（如种子、化肥等）的价格、品牌影响力、售后服务、消费者认可度等，优中选优，为农民推荐最优的生产资料供应商。二是在种植生产环节，收集不同农产品的种植生产信息等，建立农业生产数据库，利用基于大数据的生物信息探测技术和地理探测技术分析土壤营养度、光照、湿度、温度等种植环境因素，并与生产数据库中相关产品最优的种植条件进行比对，再利用全天候的信息监管系统对农产品种植生产进行实时调整。三是在农产品加工环节，基于对加工商品牌实力、加工成本、加工时间、出成率、残品率等相关数据的分析，促进流通效率的提升。四是在物流配送环节，对农民而言，要基于

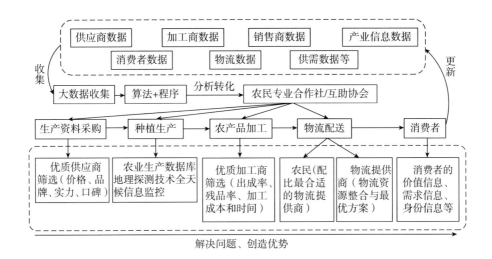

图 7-2 基于大数据技术的农产品供应链一体化链条

资料来源：笔者整理。

对物流提供商类别、服务、成本、时效、损耗率等因素的分析，根据用户需求，筛选最优的物流提供商进行合作，降低农产品流通成本，提高流通时效；对物流提供商而言，要基于对相关物流数据的收集和分析，寻求运输成本最低、运输效率最高的运输方案，实现物流资源的有效配置；对销售商而言，要基于对消费者需求信息（消费者需要什么样的产品和服务等）、消费者身份信息、农产品相关市场信息的收集和分析，对农产品种植生产信息进行修正，同时通过电商平台与消费者保持密切联系，建立供需对接的双向信息共享机制，逐步实现以需定产、以产定销。此外，考虑到农业生产的分散性，在大数据分析基础上，具体行动措施还需要依靠农民专业合作社或互助协会根据分析结果来对农民进行指导，同时逐步完善农民专业合作社或互助协会的流通职能，保障农民利益。

2. 推动农产品全渠道流通的发展

农产品全渠道流通指农民或加工销售企业尽可能采用更多的销售渠道，在任何时间、任何地点满足消费者生活、娱乐、工作、社交、购物等方面的综合性需求。随着微信、微博、小红书、QQ 等社交媒体的出现，全渠道流通涉及的渠道类型不仅包括实体店面等线下渠道，更包括社交媒体等线上渠道。全渠道实质上就是企业尽最大可能采用多种渠道或对多种渠道进行组合、拼接、整合而形成的渠道集合体。农产品全渠道流通模式如图 7-3 所示。

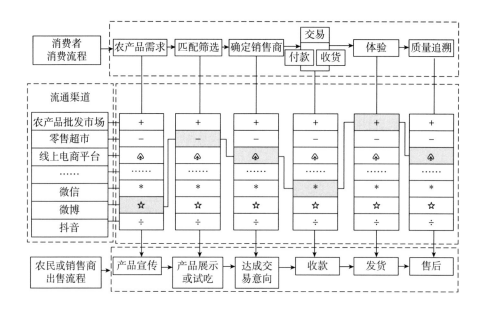

图 7-3　农产品全渠道流通模式

注：+表示农产品批发市场，−表示零售超市，⌂表示线上电商平台，＊表示微信，☆表示微博，÷表示抖音；阴影部分的连线为一种全渠道流通方式。

对农民和加工销售企业而言，全渠道流通过程主要包括以下几个部分：一是产品宣传，通过广告等形式展示农产品的特点和优势。二是产品展示和试吃，主要目的是进一步加深消费者对产品的了解，激发消费者购买欲望。三是与消费者达成交易意向，包括就产品价格、数量、配送等达成一致意见。四是向消费者收款。五是向消费者发货。六是提供质量保障和售后服务，主要是对腐烂或损耗农产品的补发和优惠以及对产品质量安全的保障。若仅仅选择农产品批发市场完成全部销售流程，就是通过单渠道完成农产品流通；若同时选择农产品批发市场、零售超市等完成销售过程，就是通过多渠道完成农产品流通；若选择多条渠道，但仅在每条渠道中完成销售流程的部分功能，就是通过跨渠道完成农产品流通。图 7-3 阴影部分的连线则是一种农产品全渠道流通方式，农民或加工销售企业在微博上进行产品宣传，在零售超市进行产品展示或试吃，在线上电商平台达成交易，在微信上完成收款，在农产品批发市场组织发货，而线上电商平台负责质量追溯与售后服务。

对消费者而言，农产品全渠道流通涉及六个流程：一是明确农产品的消费需求，包括农产品种类需求、质量安全需求、服务需求等。二是筛选匹配销售商，通过销售商提供的农产品信息，结合自身需求，找出最佳销售商。三是与销售商达成交易意向。四是完成产品付款和收货。五是农产品消费后的体验，主要涉及农产品质量、价格、服务等方面。六是农产品质量追溯。在传统的供应链中（如农产品批发市场和大型零售超市），这些购买流程可以全部在实体店面完成，但随着移动互联网和社交媒体的发展，在全渠道模式下，消费者可以选择不同渠道的组合来完成购买的全流程。然而，随着越来越多新渠道的出现，完成购买全流程的各种渠道的组合排列越来越复杂，从某种意义上讲，农民或企业的全渠道销售实质上就是消费者的全渠道购买。

3. 构建模块化供需对接型和需求精准导向型供应链

模块化供需对接型供应链即以渠道整合为手段，搭建综合性模块化信息技术平台，建立和实施以质引需、以需定产、以产定销、少环节、多功能的流通渠道，同时建立结构体系完整、部门权责分明的农产品流通服务综合体，提高相关信息传达的及时性和精准度，扩大智能范围，拓宽销售渠道（见图7-4）。

供需对接供应链依托电商平台或政府搭建信息技术平台，实现各类数据和信息的共享。该信息技术平台主要包括三大模块：一是供给模块。该模块收集相关供应商的技术、品牌、质量、服务、价格信息，并根据自身需求设定标准，筛选符合条件的供应商，夯实农产品生产基础，从源头提升农产品质量，真正做到以质引需。二是消费和加工需求模块。该模块通过录入农产品消费者与加工企业需求信息，分析需求趋势，推动供需平衡，构建多方需求信息共享机制，实现以需定产。三是物流模块。该模块收集分析物流商信息，设定运输成本、运输时间、消费者体验等因素，选择最佳物流运输商。

模块化信息技术平台主要有五项功能：一是数据信息聚拢与归纳。以供需精准对接为主要目标，聚拢相关产品信息、消费者体验信息、质量监控信息、物流商资源信息、价格信息等。二是信息筛选与分析。对聚拢到的海量信息进

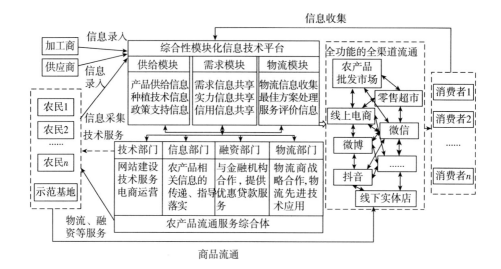

图7-4 模块化供需对接型供应链

资料来源：笔者整理。

行筛选整理并存入数据库，利用大数据技术对各类供给与需求信息进行在线配比，构建供应商与农民、种植端与消费端的信息配比系统，以效率、时间、成本为导向，确保各订单利润最大化。三是信息串联与共享。信息技术平台的规范化延展性端口能快速链接模块中的各类信息，并借助加密技术保证数据的安全性和关联性。四是信息流动与反馈。消费者通过大数据查询系统查询所购买农产品的全流程信息，并及时分享消费购买体验，实现供需信息的反向协调。五是信息传播与应用。信息技术平台收集处理的所有信息均服务于农产品流通服务综合体，农产品流通服务综合体借助模块化信息技术平台收集信息并进行分类处理，为农民（示范基地）提供一系列综合性服务，进一步拓宽销售渠道（佟伟，2019）。

在该信息技术平台基础上，农产品流通服务综合体的主要部门包括：一是技术部门，主要为农民提供网络软件、硬件及培训服务，多维度拓宽销售渠道。二是信息部门，主要负责农产品种植信息、市场信息、政策信息等数据的收集与分析工作。三是融资部门，主要通过与银行及第三方金融机构合作，借助优惠政策为农民提供融资贷款服务。四是物流部门，主要利用大数据平台推动形成最优运输方案，最大限度地提高物流效率，降低物流成本。但需要指出的是，我们要从供应链整体的角度看待物流成本，不是物流成本越低越好，有时为了改善客户体验，物流成本是要适当增加的，要充分认识物流的外部性。

与传统供应链模式相比，供需对接供应链模式的优势有三点：一是借助模块化信息技术平台，协调供需信息，推动农产品上行（商品从农村到城市），提高品牌影响力；借助各模块提供的相关服务，促进商流、物流、信息流、资金流四流合一。二是供应链各环节的各主体之间互惠互利、独立平等，特别是对农民而言提高了议价能力，对客户而言拥有了进行质量追溯的权利。三是提高供应链各节点相关信息的透明度和流通效率。

需求精准导向型供应链是指农业企业利用新一代信息技术（物联网、云计算、大数据、人工智能）收集分析消费端数据，以需求分析模型来精准预测需求变化，形成消费者云图，并以此为依据进行产品组合设计、产品定位、供需关系集成管理等，从而打造供需高效匹配的农产品供应链。需求精准导向型供应链要求农业企业改变以往产能驱动的粗放"B2C"供应链运营模式，构建以需求驱动为中心的"C2B2C"精细运营模式。为此，农业企业要做如下工作：

一是推动农产品供应链从被动防守到积极响应。全渠道模式下农产品供应链整合必须突破原有的被动响应的模式（根据销售订单或者销售的指令行事），更加积极主动地预见需求并做好库存计划管理、供应链执行保障（刘宝红和赵玲，2018）。需求预测有助于精准分析客户需求变化趋势，并根据需求变化趋势主动感知并满足客户潜在需求；库存计划作为后援储备保障了快速响应；供应链执行保障了交付与成本。当然，这需要供应链内部进行很好的系统对接和数据交换，通过供应链中台系统实现多渠道一盘货、多仓库协同发货、拉动式库存补货，同时通过系统的订单编排能力（Order Orchestration），对整个订单池进行优化。特别需要指出的是，供应链从被动防守到积极响应，改变的不仅仅是供应链人员的做事方法，更是供应链在企业的定位。供应链不再只是企业的附属，而是将视角延伸至客户端、供应商甚至供应市场端。与此同时，供应链组织结构、资源分配、业务流程等也需要随之做出相应的调整。

二是推动农产品供应链的需求管理和端到端集成。其一，需求管理的对象不是销售，而是客户，主动需求管理不能等着销售给订单或预测，而应主动出击，在需求预测基础上做好需求计划、需求管理。需求计划强调的是流程协同，这就要求农业企业要通过一系列流程，将影响需求的多种因素汇总集合，消除信息不对称，从而更全面地分析判断需求。需求计划的协同不仅发生在企业内部，也可以发生在合作伙伴或与客户之间，被称为协同计划、预测与补货（CPFR）。需求管理的关键是做好与消费者的互动，通过对消费者千人千面的数字化画像精准定位客户需求，实现需求感知与管理。其二，从"客户到供应商"的端到端集成是构建需求精准导向型供应链的关键。它强调所有供应链成员以客户为中心，突破传统供应链上的职责定位，更主动参与并融合到整个供应链价值创造过程中去。端到端集成能够将成员之间的松散连接演变成泛在连接，推动农产品供应链从模糊感知到精准预测转型。

4. 推动"线上线下一盘货+To B/C一体化"的农产品全渠道供应链创新

随着农产品消费场景的多元化，以物流为支撑的全渠道服务响应显得尤为重要，推动"线上线下一盘货+To B/C一体化"的农产品全渠道供应链创新，已成为农产品全渠道供应链整合的重要手段。

"一盘货"是指，应用"统仓统配"的管理方法，将供应链各个环节整合管理，以推动物流管理向集约化发展，实现线上线下渠道货物的统一配送。线上线下"一盘货"一方面可以对农产品进行统一描述，满足各个渠道的订单，实现线上线下订单一体化；另一方面可以进行多渠道铺货，实现线上线下全渠道统仓统配。

To B（To Business）是指面向企业（服务企业客户）为其提供平台（PC端平台和移动端平台）和数据服务的一种商业模式。它的应用领域主要是围绕企业的运营管理、数据应用和决策分析等，运营商一般都是软件厂商，运营的主体是泛化的企业。To C（To Customer）则面向个体消费者（服务个人用户）。其遵循特定的规范流程，开发成果完全面向大众，应用领域主要围绕社交类（包括衣食住行）APP等，运营商一般都是IT行业的巨头。To B业务生态能为To C产品和服务提供更多的应用场景。

随着传统渠道的B端商业和C端商业的融合，"B""C"一体化将是未来的一个大趋势。对于B端客户，通过全方位线上线下一盘货解决方案，帮助客户创造价值；对于 C 端客户，通过创新农产品电商平台与社区团购服务模式带来极致体验，以渠道升级助力农产品供应链"B""C"一体化运营。

但需要注意的是，农业企业采用 To B/C 一体化模式应该是支撑供应链业务更好地发展，而不是为了支持新技术、新模式去改变业务。因此，企业在采用 To B/C 一体化模式之前需要认清当前供应链系统的组织架构、资源状况与主营业务范围，从内部系统集成、关系治理、流程优化一步步做起，逐步融合接入外部供应链成员，促进农产品全渠道供应链整合。

5. 推动农产品供应链数字化转型

供应链数字化转型是数字经济时代农产品供应链创新发展的重要方向。一方面，新兴数字技术引发的科技、流通及消费革命，正在改变传统农产品供应链运行方式，重组供应链结构，为供应链数字化转型提供了土壤与养分。另一方面，新冠病毒感染疫情所引发的供应链断链风险，也使越来越多的农业企业认识到数据的重要价值和供应链韧性的重要性，并倒逼其供应链加速向数字化转型。近年来，阿里巴巴、京东、腾讯、筷农、新希望、思远农业、中化农业等几乎所有农业巨头都已布局数字化，数字化转型已成为传统农产品供应链提档升级的必然选择和必由之路。

农产品供应链数字化转型是指在农产品"从田间到餐桌"流通的过程中，供应链核心企业以消费需求为中心，运用新一代信息技术赋能传统供应链，推动供应链流程可视、响应灵活、运作智能，实现供应链从弱集成、松散化向全链接、一体化转型，进而形成开源（全过程链接、全链条管理和全客群接触）、节流（降低运营成本、物流成本等）、强感（注重消费体验）、增效（提高供应链运作效率）的农产品供应链网络和生态系统的过程。农产品供应链数字化转型对于促进供应链成员之间协作一致，弱化供需分离，实现供需精准对接，满足消费者不同场景下的农产品需求具有重要作用，是全渠道模式下农产品供应链整合的重要内容。它具有如下特征：

第一，从有限目标向多元目标转变。农产品供应链是一个"涉及农产品具体领域的多维复合性"流通系统，与制造业或服务业供应链不同，它所涉及的范围更广，更具社会性。因此，农产品供应链数字化转型的目标更加多元。一方面，它需要通过数字技术的逐步引入和融合以及供应链系统的持续创新和能力重构，打造开源、节流、强感、增效的农产品供应链网络和生态系统；另一方面，它还要适应消费者越来越社会化（Socialization）、本地化（Localization）、移动化（Mobilization）的购买模式变化，满足消费者对安全、生态、绿色、便捷和个性化的需求。此时，供应链运行就不能仅仅关注成本和效率，还要关注体验和服务。这就要求农业企业必须按照"安全、绿色、智能、生态"的价值理念来推进供应链数字化转型，实现生产的数字化、交易的数字化、物配配送的数字化、空间管理的数字化（温度、湿度、空气质量）、消费的数字化及市场治理的数字化等多元转型目标（洪涛等，2020）。

第二，从松散连接到泛在连接转变。传统农产品供应链注重交付网络构建，在此情形下，供应链的形态是线性链状结构，连接效率和灵活度较低。而供应链数字化转型通过数字化技术应用，能够推动传统链状供应链"聚链成网"，形成"技术+管理""平台+网络""数据+算法"的数字化供应链（王静，2022），逐步将成员之间的松散连接演变成以"智能终端系统、基础网络技术以及应用技术"为手段，以供应链内外协同、数据共享、透明可视为特征的泛在连接（Pervasive Connectivity）。具体来说，一方面，泛在连接通过将数字渠道、实体渠道间的资源，以及端到端的海量数据进行实时共享，使农产品供应链各节点之间拥有更高能见度、透明度的互动协作，实现了资源的优化配置；另一方面，泛在连接结合嵌入式智能，进行大田种植、农产品加工、流通、消费等供应链各环节间的动态连接、实时连接、充分连接，赋能传统农产品供应链转变运营模式、组织结构，简化消费者与供应链的接触过程，实现线下线上融合发展，进而达到更高效协同、更及时有效、更敏捷柔性满足消费需求的目的（焦勇和刘忠诚，2020）。

第三，从模糊感知到精准预测转变。传统农产品供应链的模糊感知主要是感知需求的不确定性，具体表现为由于生产、流通和消费环节的信息不对称带来的产销脱节问题（肖红波，2021）。精准预测强调利用数字化技术实时感知消费需求变化，实现从"描述需求"到"预测需求"的转型。它要求农业企业运用数字化技术，提前感知需求变化，精准了解消费偏好，并以此建立内部跨部门的集成供应链计划机制与平台，进而帮助农业企业对原材料采购、生产加工、物流配送计划进行动态调整，实现需求刺激、匹配、感知与管理。一方面，农业企业通过消费数据精准预测，把消费端需求反馈到农产品生产端，精准对接供需，能够拓展农产品消费零散、有限的增量空间；另一方面，农业企业通过消费数据逆向反馈机制，有助于降低供应链运营风险，增强农产品供应链的韧性。

第四，从流程固定到敏捷柔性转变。农产品的易腐性、供应复杂性、消费需求多变性特征要求农产品供应链能够快速、灵活响应消费者个性化需求。然而，传统农产品供应链的运作流程是以农产品批发市场、加工零售企业、农产品物流中心等为核心，按照计划或者订单进行采购、生产、加工、储存、配送等，供应链响应需求变化的能力较弱。供应链数字化转型顺应了消费需求的个性化、多元化发展趋势，能够驱动供应链运作从以生产为中心向以消费为中心转型，流程从固定到敏捷柔性转变。它主要通过两种方式实现：一是建立基于传感器、位置，以及"适时"与"实时"为特征的农产品交易数据库和交易网络，并在此基础上完成整个供应链从固定到敏捷的转型；二是构建数字化供应链智能塔台，从数字化采购、数字化生产、数字化物流等方面进行智能优化，进而促进农产品采购、生产、加工、储存、配送等流程从固定向敏捷转型。"流程驱动+数据驱动+智能驱动"是农产品供应链数字化转型的关键技术驱动（王静，2022）。

第五，从核心企业主导向生态系统价值共创转变。传统农产品供应链主要围绕核心企业创造价值和分配价值，尽管这种利益分配模式提高了供应链的整体效率，但不可避免地会导致成员间的利益分配不合理问题，尤其是核心企业往往只追求自身利益最大化，忽视合作伙伴（如农户、消费者）的利益。数字化转型背景下，为实现价值共创和快速响应消费需求，这就要求核心企业必须将以往的合作伙伴变成互生、共生、再生的利益共同体，通过打造数字平台、强化产业融合和实施行为一致性规则、联合价值创造规则和共同进化规则，构建互联、智能、共享的数字化供应链生态系统。这种生态系统的构建不仅可以实现供应链各环节间的协同进化和无缝连接，提高供应链可视化、透明化程度，而且还可以通过改进资源配置方式和拓展分工协作的宽度和深度，重塑供应链系统中各方生产关系，共同创造更大的市场价值。

当前，随着国家对产业链供应链现代化和数字农业发展的不断重视，农产品供应链数字化转型面临着较为有利的经济、社会、技术和政策环境。

第一，从经济环境来看。据中国信通院发布的《中国数字经济发展白皮书（2021 年）》显示，2020 年，我国数字经济规模达 5.4 万亿美元，占 GDP 比重的 38.6%，在增速、结构、产业渗透等方面超过全球平均水平，呈现出加速产业深度融合、推进应用场景创新、促进产业裂变升级的态势。从农业领域来看，数字经济正在沿着农业产业链和供应链向上下游延伸，推动整个供应链向数字化、智能化方向发展。尤其是随着消费需求的不断升级，传统农业产需矛盾日益凸显，而数字经济的发展能够催生多元化的消费场景，推动农产品生产、加工、流通、销售等各环节融会贯通，为消费者提供优质的产品和便捷的服务，这既为农产品供应链数字化转型创造了良好的经济环境，也为农产品供应链运行中的智能化决策提供了可能。

第二，从社会环境来看。据中国互联网络信息中心（CNNIC）发布的第 47 次《中国互联网络发展状况统计报告》显示，截至 2020 年底，我国网民规模达 9.89 亿人，互联网普及率达 70.4%，实物商品网上零售额达 9.76 万亿元，移动支付业务 1232.20 亿笔。庞大、多样化的用户群体通过各种电商平台和社交媒体平台，搜索农产品信息，多渠道购买并分享购买体验，他们对农产品的需求呈现明显的个性化、绿色化、健康化趋势，这极大地催生了线上线下渠道的融合发展，推动着农产品供应链从传统向数字化转型。同时，农业生产者数字化技能的提升也为农产品供应链数字化转型打下了基础。据中国互联网络信息中心（CNNIC）发布的第 48 次《中国互联网络发展状况统计报告》显示，截至 2021 年 6 月，我国农村网民规模达 2.97 亿人，农村地区互联网普及率达 59.2%。越来越多的农业经营主体意识到将"物联网""农业大数据""遥感技术"等数字技术应用到农业领域，优化升级农业生产模式，推进农产品生产标准化，进而有效控制和提升农产品品质的重要性（易加斌等，2021）。

第三，从技术环境来看。我国信息基础设施（新基建）持续优化，已建成全球规模最大的光纤和移动宽带网络，4G 网络覆盖城乡，5G 网络加快发展，累计建成 5G 基站 91.6 万个，5G 手机终端连接数已经超过 3.65 亿个[①]。"新基建"为人工智能、5G、大数据等新一代信息技术在农业供应链领域的应

① 数据来自 2021 年第二十届中国互联网大会的报告。

用奠定了良好的技术基础。农业遥感、北斗导航、无人机技术在农业产业链中的应用，也为农产品种植生产数字化提供了技术支撑。农业物联网技术、信息感知与识别技术在农产品供应链质量安全追溯中的应用也为解决农产品质量安全问题提供了新的技术手段。

第四，从政策环境来看。近几年，党中央、国务院高度重视供应链数字化发展，出台的相关文件为农产品供应链数字化转型提供了良好的政策环境。2017 年 10 月，国务院办公厅发布《关于积极推进供应链创新与应用的指导意见》，将供应链数字化转型提升到国家战略。随后国家相关部委先后出台了《关于开展供应链创新与应用试点的通知》《关于推动农商互联完善农产品供应链的通知》《关于进一步做好供应链创新与应用试点工作的通知》《关于开展全国供应链创新与应用示范创建工作的通知》《关于进一步加强农产品供应链体系建设的通知》（见表 7-1）。这些政策围绕"供应链创新与应用""智慧供应链""流通现代化""供应链数字化""农业供应链体系""农产品供应链体系建设"等进行部署，强调加快新兴技术在供应链领域的集成应用，为农产品供应链数字化转型提供了政策保障。

表 7-1　国家支持供应链数字化发展的政策梳理

时间	文件	相关内容
2017 年 10 月	国务院办公厅发布《关于积极推进供应链创新与应用的指导意见》	创新发展供应链新理念、新技术、新模式，打造大数据支撑、网络化共享、智能化协作的智慧供应链体系； 鼓励建立集农产品生产、加工、流通和服务等于一体的农业供应链体系，推动建设农业供应链信息平台
2018 年 4 月	商务部等 8 部门联合发布《关于开展供应链创新与应用试点的通知》	创新发展流通供应链，实现供应链需求、库存和物流实时共享可视； 加强供应链技术和模式创新，促进产业供应链数字化、智能化和国际化； 建设和完善各类农业供应链平台，实现系统和数据对接
2019 年 5 月	财政部和商务部办公厅《关于推动农商互联完善农产品供应链的通知》	加强农产品产后商品化处理等流通设施建设，实现联产品、联设施、联标准、联数据、联市场； 打造上联生产、下联消费的农产品现代供应链体系

续表

时间	文件	相关内容
2020 年 4 月	商务部等 8 部门《关于进一步做好供应链创新与应用试点工作的通知》	加快推进供应链数字化和智能化发展，加大以信息技术为核心的新型基础设施投入； 加快推动农业智慧物流园区、智能仓储、智能货柜和供应链技术创新平台的科学规划与布局
2020 年 5 月	国家发展改革委交通运输部《关于进一步降低物流成本实施意见的通知》	深入推进供应链创新与应用试点，促进现代供应链与农业融合创新； 加快发展数字化、智能化、全球化的现代供应链
2020 年 7 月	发展改革委等《关于支持新业态新模式健康发展 激活消费市场带动扩大就业的意见》	实施数字经济新业态培育行动，支持建设数字供应链，推动订单、产能、渠道等信息共享； 支持具有产业链、供应链带动能力的农业核心企业打造产业"数据中台"
2020 年 10 月	国务院办公厅《国务院办公厅关于推进对外贸易创新发展的实施意见》	拓展重点市场产业链供应链，实现物流、商流、资金流、信息流等互联互通； 推进供应链数字化和智能化发展
2020 年 12 月	发展改革委等《关于加快构建全国一体化大数据中心协同创新体系的指导意见》	加强全国一体化大数据中心顶层设计，形成"数网""数纽""数链""数脑""数盾"体系
2021 年 3 月	商务部等 8 单位联合印发《关于开展全国供应链创新与应用示范创建工作的通知》	提高供应链管理水平，运用现代供应链管理思维和方法，推动流程再造，加快企业供应链数字化升级； 强化供应链创新引领，加快物联网、大数据、边缘计算、区块链、5G、人工智能、增强现实/虚拟现实等供应链新技术集成应用，推进数字化供应链加速发展，提高供应链透明度与可控性
2021 年 6 月	财政部和商务部办公厅《关于进一步加强农产品供应链体系建设的通知》	遵循"强节点、建链条、优网络"工作思路，完善农产品流通骨干网络，促进人、车、货可视化、数字化管理； 加快形成农商联系更为紧密、产销衔接更为畅通的农产品供应链体系
2021 年 8 月	商务部《关于加强"十四五"时期商务领域标准化建设的指导意见》	完善商贸流通数字化标准，研究建立统一的大数据全流程管理标准，推动 5G、人工智能、物联网、区块链等新技术标准化应用； 加强供应链数字物流标准化建设，推动供应链技术、服务、模式等方面的协同创新，促进流通降本增效

资料来源：作者整理。

总之，良好的政策支持、经济条件、社会氛围和技术支撑不断将农产品产前、产中、产后各环节推向更智能、更精细、更精确的发展方向，打通了农产品生产、流通、消费等全产业链条，推动着农产品供应链向数字化、智能化、网络化发展。但不可否认的是，由于我国农业数字化建设刚刚起步，农产品供应链数字化转型整体上处于探索阶段，还面临不少问题。具体来说，主要包括：

第一，供应链数字化技术应用不足。大数据、物联网、人工智能等新一代信息技术的应用是农产品供应链进行数字化转型的基础，但由于农产品供应链主体数字化意识缺乏、应用技能不足以及数字化技术存在风险，导致农产品供应链数字化转型过程不畅。首先，农产品供应链主体的文化程度普遍较低，缺乏数字化意识和技能，他们多以传统的信息化来理解数字化，对供应链数字化管理认识不足，重视程度不够，导致供应链数字化技术应用规模不大、应用程度不深。其次，由于农户、农业大户、家庭农场、合作社等集中在偏远地区，宽带、5G、数据中心等数字化基础设施建设未完全落实，与城市还有较大差距①，再加上数字化技术应用的成本较高，导致数字化技术缺乏应用基础，很难在源头进行供应链数字化转型。再次，在农业供应链数字技术应用中，基础环境监测、监控等应用场景多，数据自动化采集分析、精准化控制、智能化决策等应用少，特别是基于大数据的农产品市场智能分析、数据挖掘、监测预警等深度应用仍停留在概念层面。目前，数字化应用程度最高的是种植业，主要体现在施肥、灌溉及病虫害防治环节；养殖业的数字化应用主要体现在监测和对牲畜的定位识别环节。最后，由于农产品供应链网络参与者众多、组织差异大，产生了众多异构的技术标准和数字体系，导致各类主体在供应链上的参与程度参差不齐、标准不齐、数据存储格式不一致，数据孤岛和信息壁垒现象较为严重，也加大了供应链数字化转型的难度。

---

① 据农业农村部发布的《2021全国县域农业农村信息化发展水平评价报告》抽样调查显示，全国县域互联网普及率为70.3%，与城镇地区互联网普及率相比还有8个百分点的差距。家庭宽带入户率不足50%的县（市、区）有572个，不足20%的有221个，占比分别高达21.7%、8.4%。目前，5G基站建设仅延伸到大城市郊区、县城和人口比较集中的乡镇，农村严重滞后于城市。特别是面向农业生产的4G和5G网络、遥感卫星、北斗导航、物联网、农机智能装备、大数据中心、重要信息系统等信息基础设施在研发、制造、推广应用等方面都远远落后于农业现代化发展的需求。

第二，供应链组织结构不能适应数字化转型需要。组织结构强调供应链中不同成员之间以及成员与环境之间相互作用以实现组织目标的组织运行方式。由于农产品供应链环节多、链条长、组织规模差距大和供应链主体间关系松散，导致供应链组织结构不能很好适应数字化转型需要。首先，农产品供应链环节多、链条长，不能满足数字化转型过程中信息高效流动、需求快速响应的要求。其次，农产品供应链成员组织规模差距大，供应链主体之间存在信息、资源、实力上的差异，网络化、扁平化的组织结构尚没有形成，不能满足数字化转型过程中对组织结构柔性化的要求。最后，供应链主体间关系松散也带来了信息共享难，特别是核心企业出于自身利益最大化考量，通常不愿分享信息，供应链时常出现信息孤岛现象，致使供应链组织结构向透明化发展缓慢。

第三，供应链数字化运营水平较低。由于农产品供应链存在各自为政、信息沟通不畅，数据资源无法共享等问题，导致供应链数字化运营水平较低。首先，业务流程数字化整合不够，业务流程数字化运营体系没有完全建立。突出表现为农产品供应链主体主要按各环节业务的职能分散运营，数据共享与业务协同程度不高，尚没有建立起业务流程自动化、营销方式精准化、生产体系模块化、物流体系智能化的业务流程数字化运营体系，无法快速精准响应消费者需求。其次，数字化供需体系不完善，供应链需求预测能力不足。由于农产品供应链信息化程度低，能见度和透明度差，导致无法全场景、全渠道、全客群地获得消费信息，从而为精准的需求预测提供数据基础。最后，物流体系自动化、智能化不足，无法快速响应消费需求。目前，我国农产品物流信息化、智能化程度较低，技术运用的覆盖面较小，尤其是农产品智慧物流体系尚未完全建立，无法适应供应链数字化转型需要。

第四，供应链数字化治理能力不强。由于农产品供应链数字化技术应用不足，导致供应链数字化治理能力不强，阻碍了供应链数字化转型。首先，数字化技术与供应链融合不充分，难以全面集成农业供应链数据和构建可视化监管平台，增加了供应链数字化治理难度。其次，传统农产品供应链成员关系松散，组织化程度低，供应链治理结构倾向于以短期的市场交易为主的市场化治理结构和核心企业主导的科层化治理结构，无法满足供应链数字化转型要求。一方面，在市场化治理结构中，供应链成员间关系松散，信息化程度低，数字化治理缺乏相应基础；另一方面，在科层化治理结构中，核心企业以权力为手段对成员进行管理，这种治理结构不利于供应链成员以协同为原则进行柔性治理，制约了供应链向网络化结构转型。最后，农产品供应链治理局限于供应链成员间共同治理，忽略了第三方组织的治理效果，特别是政府主导型的供应链，其治理的原动力来自政府的行政权威。在这一类型的供应链结构中，政府主导、规划、组织和管理供应链成员的构成和联结形态，以实现整个系统的多赢目标（李维安等，2016）。这就需要政府行业部门建立健全数字化治理的保障政策，打破供应链数字化治理的机制障碍。

综上所述，我们认为，推动农产品供应链数字化转型必须要针对这些问题，并结合经济、社会、技术、政策环境变化，以"灵活、集成、定制、响应"为战略导向，从供应链技术应用层面、供应链运营层面、供应链组织结构层面和供应链治理层面进行数字化变革，形成数据驱动的供应链网络和生态系统，并完善实现模式和优化实现路径。农产品供应链数字化转型框架如图7-5所示。

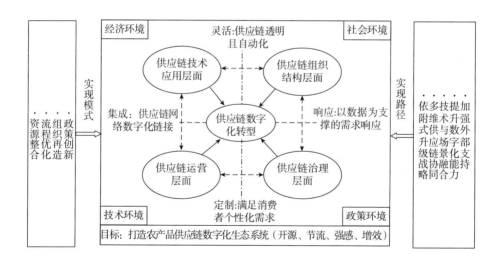

图7-5　农产品供应链数字化转型框架

灵活强调供应链是透明且自动化的，灵活意味着通过构建透明可视、动态弹性的供应网络以适应不断变化的环境（Büyüközkan and Göcer，2018）。一方面，灵活要求农业企业利用新一代信息技术对外部环境进行扫描，汇集整个供应链的数据信息，清晰地勾勒出供需体系全景图，使供应网络透明可视，从而实现物流追踪、日程同步和供需平衡。另一方面，灵活也要求农业企业将技术战略与业务战略相结合，通过构建内部集成业务计划体系（IBP）来协调企业内部跨部门间的工作，提升企业跨部门间的自动化工作流程和协作，促进数据自动分析、系统自动响应，实现供应链的自动动态调整与优化。

集成强调供应链成员之间的数字化链接，目标是改善合作。一方面，集成要求农业企业采用数字化技术或平台将数字渠道与实体渠道进行链接，反向倒逼农产品采购、生产加工、营销、配送、售后服务等环节的有效联动和协同，提高供应链的一体化水平。另一方面，集成也要求农业企业将消费者的位置信息、交易信息和情境数据结合在一起，并根据这些信息和数据提供服务，提高消费者体验水平。

定制强调根据消费者的个性化需求提供定制化产品与服务，迎合了消费者追求品质和个性的心理。定制化意味着按定制需求确定产量并直供消费者，此时，供应链必须从固定向柔性化转型。一方面，定制化要求农业企业完善需求驱动的产品设计，通过生产系统变革，逐渐形成生产定制化产品的能力。另一方面，定制化也要求农业企业借助数字化和智能化手段，根据消费者数据（如触点、场景、偏好、位置、时间），改进农产品生产、加工、配送的流程，进行端到端的供应链运作，以满足消费者定制化、个性化需求。

响应强调以数据为支撑快速应对需求变化，以更好地实现农产品"产消（非产销）"有效对接与无缝衔接（焦勇和刘忠诚，2020）。一方面，响应性要求农业企业要借助新一代信息技术对供应链进行数字化改造，提升供应链的信息可视性水平和生产的模块化水平，构建敏捷、快速响应的数字供应链。另一方面，响应性也要求农业企业依托数字化协同平台加强成员之间的计划协同和流程协同，进而促进供应链网络快速地响应消费需求。

农产品供应链数字化转型内核主要包括以下四个方面：

第一，供应链技术应用层面转型。技术应用层面转型是指供应链主体从传统信息技术应用向新一代信息技术应用转型。它强调将新一代信息技术嵌入农产品供应链，实现农产品供应链的数字化和智能化运作。数字化升级了信息化。数字化在信息化基础上加入了算法、模型，加入了规则，加入了万物互联，数字化卷入了更多的人和设备。推进技术应用层面转型，一方面要求供应链主体，特别是核心企业要利用新一代信息技术紧密连接农产品供应链割裂的商流、物流、信息流，提高供应链的数据化水平，以数据为支撑实现供应链供需精准预测和敏捷响应（白世贞和黄绍娟，2021）；另一方面也要求农业企业应用新一代信息技术推进智能化数据驱动业务，促进农产品供应链透明可视，实现供应链全链条的数据流转、资源优化、业务集成和产品追溯。

第二，供应链运营层面转型。供应链运营层面转型是指利用数字化技术，推动农产品供应链业务流程自动化、营销方式精准化、生产体系模块化、物流体系智能化，从而提高农产品供应链运营绩效。

业务流程自动化的关键是推进供应链系统的数据开放、数据互联和数据共享，通过数据自动分析、系统自动响应加快自动化供应链体系建设。这一方面要求农业企业要利用人工智能、认知和机器人过程自动化等数字技术构建数据联通体系和平台，从农产品采购、生产加工、物流等环节，将分散的碎片化供应链活动数字化链接起来，自动合理编排采购、生产计划，建设自动识别的物流系统，提高供应链自动化作业程度；另一方面，也要求政府推进和规范各地区、各部门间涉农数据的共享、开放和管理，清晰界定各类数据的开放范围、开放内容及获取权限，构建农产品全产业链大数据中心，实现供应链中数据的闭环链接，提升供应链业务流程的数据化、自动化水平。

营销方式精准化是指利用数字化技术精准采集、分析线上线下消费数据，形成消费者云图和预测模型，帮助企业将合适的产品精准送达消费者手中。营销方式精准化一方面要求农业企业要围绕需求端对销售渠道进行数字化塑造，建立专业化涉农服务平台，采用 S2B2C、C2B、O2P[①] 等模式打通消费触点，实现消费者全场景在线、跨时空连接，让购买随时随地发生（李晓雪等，

---

① S2B2C 是一种集合供货商赋能于渠道商并共同服务于顾客的全新电子商务营销模式。在 S2B2C 中，S 是大供货商，B 指渠道商，C 为顾客，S2B2C 是 B2C 走向 C2B 的过渡模式。O2P 模式（Online to Partner）是指采用互联网思维，围绕渠道平台化转型机会，构建厂家、经销商、零售商铺、物流机构等共同参与的本地化生态圈，帮助传统产业向互联网转型，创造消费者完美购物体验。具体实施上，O2P 模式包括三个 P：Platform（平台）、Place（渠道/本地化）和 People（消费者），O2P 本质上是本地化的 O2O 营销模式。

2020）；另一方面也要求农业企业充分利用大数据、云计算、智能算法等数字化技术，对客户生命周期（客户分类、客户理解、客户定制、客户交流、客户获取、客户保留）进行精细化管理，创建更有针对性的营销活动，为不同客户群体提供个性化、定制化的营销组合，提高交易转化率。

精准化营销方式也必然会倒逼上游生产体系从批量化生产模式向模块化生产模式转型。生产体系模块化是指先将复杂的生产活动按职能或流程进行模块分解，然后将各个模块集成为体现生产共有性特征的通用性模块和体现产品定制性特征的个性化模块的动态过程（戚聿东和肖旭，2020）。推进生产体系模块化一方面需要农业企业运用数字孪生、数字主线（Digital Thread）、智能制造等技术加强生产流程模块化管理；另一方面也需要农业企业借鉴供应链逆向整合思路和模块化生产原理，构建虚拟型农产品供应商（整合合作社、生产基地）、集成型农产品物流提供商（整合第三方物流、自有冷链物流、合作物流）、平台型农产品采购代理商（产能聚集、订单聚集、生产与质量安全监管），形成企业和供应商之间的自供应机制，并依托数字化平台，打通消费网络与生产网络，使供应链不断适应个性化、定制化的市场需求，实现以需定产（生产）、有需有产（产品）（见图7-6）。

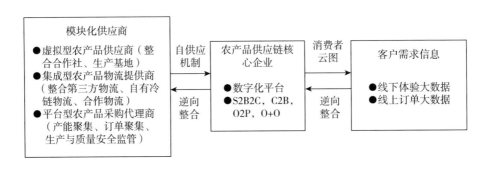

图7-6 基于模块化供应商的供应链逆向整合

物流体系智能化是指利用新一代信息技术，构建数字化物流公共服务平台，连接农产品的各物流环节，联合线上线下消费信息、仓储信息、物流数据，进行智能物联仓储管理、智能配送规范化管理，实现物流服务高效、精准、敏捷的过程。推进物流体系智能化，一方面要求农业企业整合全渠道线上线下资源，提升服务于全链条的智慧物流规划与服务能力，朝着可提供一站式解决方案的方向发展；另一方面也要求农业企业加强与智慧物流企业、第三方物流企业的合作，构建数字化、网络化物流服务平台，通过物流数据互联共享和仓储运输的智能化作业，实现物流体系智能化转型。

第三，供应链组织结构层面转型。组织结构转型是供应链数字化转型的保障。供应链组织结构转型是指利用数字化技术改造组织形态和功能，推动供应链组织结构向网络化、扁平化、透明化方向发展，进而实现供应链各环节之间无缝衔接、信息共享、高效协同、透明可视。

组织结构网络化是指供应链成员以纵向或横向网络形式相互连接，推动供应链组织结构从链状向网状转型，进而实现信息快速传播和资源高效共享。这种网络组织结构使传统的层次性组织和灵活机动的计划小组并存，能够促进信息高效流转和资源优化配置，大大地提高了供应链对市场的响应速度，促进供应链价值增值。网络化组织结构要求农业企业采用新一代信息技术建立数字化决策体系与管控系统，加强与供应链成员间的数字化连接，提高技术、业务、管理兼容性，使组织结构具有更大的灵活性和柔性。

组织结构扁平化是指通过压缩供应链层级和优化成员分工，实现供应链纵向结构短化的过程。扁平化组织结构有助于增强供应链系统对市场需求变化的感应能力和快速反应能力。在扁平化的组织结构下，供应链成员间的合作关系将会被重新界定，他们将围绕客户价值创造进行分工合作，从而为客户价值感知、价值供给以及改善客户体验提供各类支持（戚聿东和肖旭，2020）。扁平化组织结构也有助于缩短供应链成员之间的信息传递距离，优化成员之间的分工协作和数字化沟通，从而促进需求快速响应（李晓雪等，2020）。

组织结构透明化强调利用数字化技术，重构整个供应链的结构，推动整个供应链端到端透明、各环节可视。推动组织结构透明化一方面要求农业企业结合供应链节点和端到端的数字化发展进程，对农产品业务网络进行平台化建设，广泛连接供应链各主体，增强端到端业务流程可视程度；另一方面也要求农业企业利用供应链控制塔进行实时数据连接，帮助供应链成员清晰地勾勒出供销体系全景图，推动供应链向敏捷柔性、透明可视方向发展。

第四，供应链治理层面转型。治理是指通过采取某些途径，使相互冲突的利益得以调和，并采取联合行动保持该协调状态持续稳定发展的制度安排，其核心属性是合作、协调和相互联系（李维安等，2016）。供应链治理是供应链成员之间为实现收益最大化，而进行的合作管理方式和制度安排。它需要供应链成员、政府和社会组织对各种资源要素进行有效的规划、协调和控制，以达到单一行动无法达到的综合效益。随着供应链运营的数字化变革，数据已成为一种生产要素，供应链治理向数智化和数治化转型成为必然趋势。

数智化治理是指利用数字化手段和智能设备赋能供应链治理，扩展人机协同的领域，提升治理能力，完善治理功能，使供应链治理更加智慧化（孟天广和张小劲，2018）。推动农产品供应链数智化治理，一方面要求供应链成员以新一代信息技术为支撑，以智能化设备为手段，促使供应链关联主体之间高效协同，消除供应链各环节的冲突，确保供应链运营过程协调可控，实现供应链治理从"人工"到"智能"的转变；另一方面也要求政府在确保数据安全的前提下推动行业数据开放和数据共享，促进行业数字化转型与供应链数智化治理之间的协同与转化，为数智化治理创造良好的外部条件。

数治化治理是指以数据治理推动业务治理。它主要是在数智化治理的基础上，通过业务数据化和数据业务化来提升治理效能。推进农产品供应链数治化治理，一方面要求农业企业加快供应链数据平台建设，构建"业务数据化+数据业务化"的供应链数据治理的框架，完善数据驱动的供应链治理模式；另一方面也要求政府行业部门要制定"数治化"保障政策，构建多层次的技术防护机制，强化数治化监督工作，打破供应链数治化治理的机制障碍。

上述四个层面转型的内在关系体现为技术应用层面的转型是支撑，运营层面的转型是核心，结构层面的转型是基础，治理层面的转型是保障。运营层面的转型需要新一代信息技术应用做支撑，也要求供应链组织结构和治理模式不断调整以适应运营方式的变革。技术应用转型为供应链数字化运营提供了数字化工具，组织结构的扁平化、网络化转型，提升了供应链数字化运营的组织适应性和应变能力，治理模式的数智化和数治化转型，完善了供应链数字化运营的治理手段和机制保障。

从组织与环境关系来看，农产品供应链数字化转型体现的是"外部环境变动"与"供应链变革重构"之间的"客观影响和主动适应"关系，是供应链系统不断进行自我调整以适应外部环境变化过程。这一过程的核心是围绕供应链价值增值而产生作用，其目标是构建农产品供应链数字化生态系统。生态系统是实现农产品供应链价值增值和价值共创的主导逻辑，其核心要义是各供应链主体基于特定情境，以客户价值主张为导向，通过整合、连接、响应及制度约束协调生态系统参与者的价值共创行为，它具有适应性、涌现性、进化性特征（刘刚，2019；陈剑和刘运辉，2021）。

推进农产品供应链数字化转型，必须完善实现模式，具体包括：

第一，资源整合。通过资源整合能够打通供应链各环节，提升供应链的合作化程度，灵活应对市场需求的变化。为此，一是推动供应节点内的横向资源整合。供应链各主体利用数字技术打造资源共享平台对资源进行整合，能够实现节点内资源合理配置、信息彼此分享、技术协同提升、价值共同创造。例如，对农产品零售端进行营销资源整合，融合线上线下渠道资源和营销资源，协同打造涵盖线上线下、互联互通的消费场景和服务场景，为消费者提供高品质的农产品，提升农产品购买体验感。二是推动供应节点间的纵向资源整合。利用数字化技术构建连通上下游的供应链数字平台，能够推动供应链参与主体互利合作形成利益共同体，以此为契机打通供应链上下游资源流转环节，降低资源整合成本，实现资源共享。例如，平台内需求信息的高速流转能够实现各环节间的物流资源快速协调和调整，避免各主体重复构建物流体系，降低供应链运营成本。三是推动供应链内外资源整合。通过数字化技术搭建供应链资源整合平台，能够实现供应链内外部资源协同互通，从数字化采购、数字化生产、数字化流通、数字化服务等方面进行智能优化，为农产品供应链数字化运营提供靶向决策（以需定产），实现供应链价值增值（生产运营优化、产品/服务创新、生态体系构建）。

第二，组织再造。组织再造需要改变传统农产品供应链组织模式，充分利用新一代信息技术，构建符合数字化转型要求的组织模式。其核心是利用数字化技术重新定义和设计供应链职能，变革组织形态，打造扁平化和虚拟化供应链组织，形成"新组织+新技术"赋能机制，以组织变革释放业务动能。其中，扁平化组织要求去除低效、重复的供应链组织，缩小组织层次，各组织之间通过网络化连接实现互联互通、分工协作和组织管理，它是提升供应链柔性和响应能力的重要载体。虚拟化组织要求以新一代信息技术为依托，将生产者、加工企业、批发、零售商等连接起来，构建虚拟供应链组织，如虚拟农场、虚拟批发商、模块化供应商等，实现模块化生产、预测性发货、弹性化配送，更好地满足消费者的多变需求。

第三，流程优化。流程优化的目的是供应链的可视化、业务流程的标准化，使各个流程平滑衔接。农产品供应链信息化水平低且主体之间关系松散，彼此之间不愿意共享信息，导致供应链流程不通畅。因此，农产品供应链需要以优化整体流程为目标，设计和优化流程中的各项活动。一是积极打造信息化、数字化业务流程。利用新一代信息技术升级农产品供应链的农资采购、生产或种植、营销、订单履行、需求管理等流程，使各环节流程信息化和数字化，提高各环节的流程透明度。二是推进流程共享与互联。借助数字技术对供应链流程进行分析、调整、协调、重构等，去除无效或重复的流程，实现供应链流程互联和自动衔接，改进为顾客创造价值的过程，最终提高供应链流程效益。例如，在农产品物流环节，借助数字化物流实现农产品精准追溯，在农产品消费环节，利用全渠道零售触点实时连接需求信息与供应网络，实现对个性化需求的预测性发货。

第四，政策创新。农产品供应链数字化转型离不开国家或行业部门的政策创新和政策支持。为此，一是强化政府资金支持力度，尽快出台关于降低农业产业链供应链数字化成本和风险的保障政策，鼓励并扶持地方设立专项资金，全面激发农产品供应链数字化转型活力。二是优化财政支农的支出结构和范围。增加对农业供应链数字化技术研发、应用示范、服务平台建设的投入，界定农业产业链供应链数字化资金支出的范围，对农业生产、加工、流通和销售全过程的数字化进行财政、税收、金融支持。三是积极发挥政策性金融、农业金融体系、开发性金融的优势，引导扩大资本市场、激活和鼓励民间资本参与，投资农业供应链数字化基础设施和应用系统，建立多元化投融资机制。四是加强产学研合作，完善数字素养培育体系，鼓励科研人员探索农业产业链供应链领域的数字化创新，为农产品供应链数字化转型提供技术保障。

推进农产品供应链数字化转型，还必须结合我国农业产业链供应链实情，优化实现路径，具体包括：

第一，采用"依附式升级"战略推进数字化转型。"依附式升级"是指参与者依附平台企业实施"互融、共生、自主"的转型路径推进数字化转型，从"单边输出式赋能"逐步转向"双边共创式赋能"，最终实现自主发展的过程。因此，农业企业可以加入供应链平台生态系统，采用"依附式升级"战略推进供应链数字化转型。具体而言，一是推进互融过程。农业企业与平台企业共同合作，推动人员和沟通要素数字化，重组工作流程和管理方式，打造数字化管理工作台。在这个过程中，农业企业依赖平台将线下运营业务线上化，利用数字技术提升业务运营绩效。同时，农业企业还要完善农户参及利益的确保机制，让农户通过平台不断融入供应链数字转型过程。二是推进共生过程。农业企业与平台企业共同推进客户和产品要素可视化，开发新产品和新服务，拓展全新的价值主张和业务模式。在这个过程中，农业企业逐渐培育专属能力，打造业务子平台，推动双方业务的共同增长。三是推进自主过程。农业企业与平台企业共同推进网络和能力要素可视化，并且作为具备自主能力的子平台，与多个平台企业合作，重构产业架构，形成"多维平台嵌套"的生态结构，共同推进原有生态的价值更新（陈威如和王节祥，2021）。

第二，发展多维供应链协同模式助推数字化转型。互联网、大数据、云计算等信息技术的应用促使传统供应链由链式松散结构向网络协同结构转型。因此，要推进供应链数字化转型，就要发展多维供应链协同模式，形成客户、供应商、技术、物流等协同模式，突破单纯的供应链合作关系，实现从简单的上下游合作到整个供应网络协同共生的升级。一是发展客户协同模式。农业企业借助数字化技术收集、整合客户信息，智能分析消费数据，预测消费者偏好，逐步实现销售过程的智能化和协同化。二是发展供应商协同模式。农业企业借助供应商管理系统和消费者对终端产品的评价系统，对供应链进行考察、评估和分级，与供应商分享市场信息，针对不同需求制定相应的供应策略，构建供应商协同模式。三是发展技术协同模式。依托标准化、统一化、协同化的信息技术手段高效链接供应链成员，形成商流、物流、信息流、资金流在供应链中的高效流动，提高整条供应链的运转效率。四是发展物流协同模式。供应链成员与物流服务企业进行协同，建立仓配一体化的高效响应体系，提供专业化的配送服务和实时追踪商品物流信息的功能，提升客户消费体验（吴群，2021）。

第三，推动技术与场景融合加速数字化转型。推动技术与场景融合是指将技术与场景真正地深度融合，让数字化技术来探索场景应用，让场景应用来检验数字化技术，助力供应链数字化转型，创造更多的价值。为此，一要推动农产品供应链主体利用数字化技术打造数字化服务场景，促使各类资源在场景中整合、聚合、融合，实现高效协同、共创共赢，加速农产品供应链数字化转型，为顾客带来良好的消费体验。二要推动农产品供应链主体强化数字技术与组织、流程、管理等方面的深度融合，打造多元场景生态，着力构建线上线下协同、用户体验极致、需求响应灵活的现代化供应链，重点突破农产品品质与质量检测、农业区块链溯源、农产品智慧仓储物流、农产品精准营销、农产品供应链节点精准管控等关键领域的数字化改造，提高供应链数字化、智能化、网络化水平，逐步形成农产品供应链数字化生态圈。

第四，提升数字化能力促进数字化转型升级。数字化能力本质上是企业应用数字化技术来获取竞争优势的一种动态能力，体现为企业在经营实践中对数字技术的深度运用，从而促进企业转型升级（王文京等，2019）。推动农产品供应链数字化转型，一方面需要农业企业着眼于数字化能力建设，以数字化技术为驱动力，强化数据资源的利用，构建数据驱动、智能决策、敏捷高效的运营模式，从而提高供应链数字化运营能力；另一方面还需要农业企业围绕数字化能力的结构维度，逐步提升数字化基础能力、数字化分析能力、数字化应用能力、数字化发展能力以及数字化治理能力建设，为供应链数字化转型提供源源不断的内在动力（吉峰等，2021）。

第五，加强外部支持保障数字化转型。农产品供应链数字化转型离不开国家或行业部门的政策保障和企业高层领导支持。为此，一是完善相关政策。政府相关政策应遵循"强节点、建链条、优网络"的工作思路，尽快建立健全降低供应链数字化转型成本的相关政策，促进新兴技术在农产品供应链领域的集成应用，为农产品供应链数字化转型提供政策保障。二是提升政府数字化服务供给水平。政府相关部门要加大对农产品供应链上下游、产供销各环节的数字化服务供给，并以产、学、研多方联动方式培育实用型的数字化供应链人才。三是强化企业高层领导支持。农产品供应链数字化转型是一个长期的过程，从管理角度，数字化转型是"一把手"工程，数字化转型需要自上而下的战略部署，需要农产品供应链节点企业高层领导在行动上给予大力支持，这是农产品供应链数字化转型取得成功的重要保障。

6. 打造农产品全渠道供应链运营模式

农产品全渠道供应链强调以消费者为中心、以数据为驱动、以全渠道能力为支撑，通过对供应链资源的协调，并采用全渠道营销方式将农产品送达消费者手中的过程。它主要包括以下四种运营模式：

一是基于农产品供应链效率提升的全渠道供应链运营模式。该模式强调通过技术手段对农产品供应链各环节进行连接和优化，以大数据和信息系统为基础整合顾客服务感知、智能指挥协同、精准客户服务等要素，使供应链变得更加透明、柔性和敏捷，进而提升农产品供应链整体效率和精准服务水平（刘刚，2019）。例如，京东生鲜的供应链整合模式，将京东在智能供应链、智能门店科技、人工智能、大数据及数据可视化等多个领域的应用实践和技术创新无缝整合，通过大数据精准选品提升转化率，满足了消费者多方面需求。

二是基于消费体验重塑的全渠道供应链运营模式。该模式强调以提升顾客体验水平为核心推进农产品供应链线上线下融合。主要实现方式有两种：一种是现有实体门店的数字化升级。例如，应用小程序、社交圈等方式全方位链接顾客、获取顾客数据沉淀、提升顾客黏性和体验水平。另一种是运用新技术和跨界融合打造多种业态有机融合的农产品全渠道新业态（刘刚，2019）。例如，7FRESH 作为京东旗下生鲜食品超市的样板案例，在消费体验重构方面实现了诸多创新与优化：首先是线上线下融合，支持线上下单配送；其次是在门店重构方面，将生鲜超市与餐饮有机结合，并在空间布局上予以优化；最后是门店运用"魔镜"溯源系统、智能购物车、人脸识别等多项数字化技术，通过"黑科技"融入有效提升到店体验。

三是基于即时消费的全渠道供应链运营模式。该模式强调通过线下实体店的线上升级以及运用云仓储即时配送，扩大实体门店的覆盖范围，触达更多消费者。因为农产品是典型的高频生活消费品，即时配送可以满足消费者对农产品的便捷性、即时性消费需求，为其带来方便快捷的购物体验（刘刚，2019）。例如，沃尔玛与京东到家协同构建了以仓配一体化为核心的云仓。该云仓开设在沃尔玛门店未能覆盖的区域，由沃尔玛门店直接向云仓进行供货补货和仓内管理，京东到家为云仓附近 3 千米范围内的消费者提供水果生鲜、牛奶、酸奶等 1 小时送达服务。云仓的构建，使沃尔玛能够获取更多的线上顾客，并提升顾客 O2O 购物体验。

四是基于"互联网+"农产品电商供应链运营模式。该模式强调借助互联网信息平台开展线上信息服务，并结合大数据思维和"云"计算技术，实现线下生产、仓储、物流配送等实体服务（申强等，2017）（见图 7-7）。它具有突出需求导向、重视顾客参与和价值共创、注重服务主导逻辑、与物流过程的关联更紧密等特点。

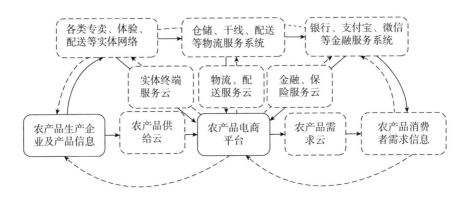

图 7-7 基于"互联网+"农产品电商供应链运营模式

资料来源：申强等（2017）。

农产品全渠道供应链运营模式具有能够实现数据信息共享、无缝对接消费需求、形成产销一体化、降低交易成本等优势（张建军和赵启兰，2019；谢莉娟，2015）。打造全渠道农产品供应链运营模式需要从以下七个方面入手：

一是制定全渠道农产品供应链战略。全渠道供应链的关键是建立企业与消费者之间的直接连接，以消费者的诉求决定企业经营决策。因此，在全渠道模式下，首先，农业企业的供应链战略要强化以消费者为中心的业务战略；其次，农产品市场的快速变化要求供应链必须是灵活、柔性和高响应的，农业企业要在原材料采购、生产加工、库存布局、跨渠道营销、物流配送等方面快速调整以适应市场需求变化；最后，供应链战略还应该以盈利为导向设计与业务战略相一致的供应链网络，持续提升供应链绩效。

二是健全供应链预测与协同计划。为应对需求变化，农业企业必须重视供应链预测和供应链协同计划，着重于提升供应链的响应能力。首先，农业企业要广泛应用新一代信息技术，打通与上下游的系统连接，为供应链成员提供实时数据（包括消费者、流量、订单、库存，甚至竞品数据），构建精准预测的供应链，促进需求的快速响应。其次，农业企业还要加强与供应商和客户的战略协作，以敏捷、柔性、透明为导向建立供应链快速响应机制，不断提升供应链需求响应能力。最后，农业企业还需打破按渠道划分的供应链治理框架，建立跨渠道的供应链流程，协调不同渠道的利益和行为，减少内部管理成本和内耗。这是全渠道供应链转型最困难的部分，但也将是收效最明显的环节。

三是优化全渠道订单交付。全渠道订单交付要求农业企业打通订单系统和库存系统，实现跨渠道的订单管理、计划管理、库存管理、商品管理，并通过订单交付网络优化、仓储配送体系改造等手段提升供应链订单交付能力。在全渠道时代，高品质的订单交付已成为企业最重要的核心竞争力。订单交付包括订单接收、库存匹配以及订单配送等环节，涉及库存管理系统、订单管理系统以及后端的仓储和配送体系。全渠道的订单交付要求企业供应链具备一系列的能力。首先是跨渠道和跨平台的库存可视和订单归集能力，主要难点在于与不同订单入口（包括第三方）的集成，库存的实时同步，产品和价格信息的一致性以及订单的后台归集、审核与跟踪。其次是跨渠道的库存可售性，包括在供应链系统内构建订单的库存匹配系统以及订单的跨渠道结算规则和流程。最后是仓库的发货能力和跨渠道的退换货能力，要求农产品供应链系统不仅要能够提高客户订单预测准确率、增强发货的及时性和准确性，还要能够跟踪原始订单、匹配退货订单，并进行跨渠道的库存调整和退款操作。

四是规划与部署库存计划。库存的计划与部署需从渠道、地理和时间三个维度综合考量。渠道部署要根据各渠道的需求安排生产和采购。订货计划既要考虑渠道本身的需求，也要考虑全渠道模式下跨渠道间的相互影响。地理部署指确定在各地仓库的库存品类及库存深度。区域库存计划要以让库存靠近市场并降低物流成本为目标。库存深度要考虑需求批量、运输成本、产品特性及退仓的可能性，最终确定库存产品品类及安全库存水平。时间部署指向渠道和区域部署库存的时间点和节奏。全渠道模式下，库存部署应是敏捷且低成本的，合理地分批次配货补货可以部分熨平物流的季节波动，降低渠道库存压力，还可以及时根据市场情况调整库存，减少库存调拨和退仓。

五是完善仓储与物流管理。完善仓储与物流管理的关键是在明确物流转型方向的基础上借助社会化的资源，实施合适的物流外包战略，这有助于降低物流成本并提升物流管理水平。其一，全渠道背景下，物流服务将更加智能、更加柔性，因此，农业企业内部物流体系必须向"多批次少批量"和"快速准时配送"转型。其二，农业企业需确立合适的物流外包战略，充分利用第三方的服务能力，提供端到端供应链物流解决方案。在这个过程中，农业企业要考虑第三方物流对业务需求变化的响应程度，建立全面的绩效分析与评价体系，提升对第三方物流的管控力。

六是优化供应链架构与数据分析。优化供应链架构与数据分析的核心是通过提升供应链集成度和完善数据治理，驱动供应链的高效运行。首先，农业企业需搭建适应全渠道特征的供应链前中后台系统架构，并通过系统架构完善数据共享机制，促进供应链运营稳定运行。其次，农业企业还需建立完善的数据治理结构以满足内部控制以及安全性的要求。在全渠道模式中，订单入口多样化，渠道库存共享化，交易路径复杂化，这需要农业企业能够建立跨系统的数据调和能力，对供应链系统的数据进行实时监控并保障数据安全。最后，农业企业还应提升数据分析能力以及构建基于数据的治理机制，以 IT 能力的快速迭代提升供应链响应能力，进而更好地应对需求变化。

七是提升全渠道运营能力。一方面，农业企业要积极打造全渠道供应链中台①（见图 7-8），同步对接线上线下渠道，不断提升企业的跨渠道联动销售能力，同时利用中台的全渠道统一管理功能，传递统一的线上线下产品信息，开展统一的全渠道运营，实现全渠道产品管理、订单管理、物流管理和数据管理的协同，为农产品供应链整合促进需求响应提供能力支撑。另一方面，农业企业还要加强农产品电子商务能力建设，通过提升电子商务管理能力、技术能力和人才能力，将内部供应链信息系统与外部供应链系统进行对接，并结合企

---

① 供应链中台主要包括供应链控制塔、客户全景生态平台、供应商生态协同平台。它围绕会员、商品，以订单为线索，通过业务整合和资源整合追踪供应链各环节活动，实现供应链可视化管理，并在这个过程中，沉淀各类数据，基于数据分析，支持企业的商业决策与预测，保证供应链的安全稳定。

业资源条件，加强新技术与基础设施的融合，及时将新的电子商务技术嫁接到现有的供应链网络中，以强化电子商务平台的先进性、连接性和系统性，推进基于需求快速响应的全渠道供应链整合。

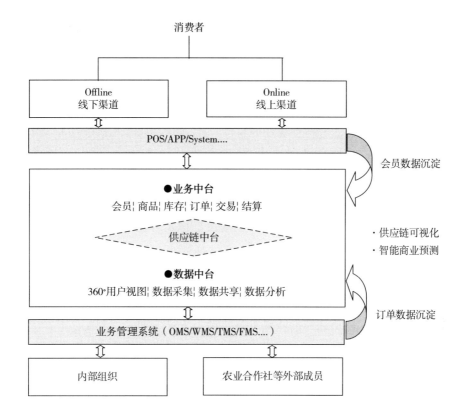

图 7-8　全渠道供应链中台

注：OMS、WMS、TMS 和 FMS 分别指订单管理系统、仓储管理系统、运输管理系统和柔性生产系统。

7. 完善小农户融入农产品供应链整合的机制

农产品供应链整合会造成"市场圈定"现象，即参与其中的供应者能获得效率和收益的提升，但没有参与其中的供应者进入市场的成本会大大提高，甚至完全被排挤出市场，这使许多小农户无力参与供应链整合（卢小平，2021）。此外，在全渠道模式下农产品供应链整合过程中，流量、数据、渠道、信息等资源的不对等，也会造成农业企业与小农户之间"数字鸿沟"，使小农户很难再享受到全渠道供应链整合带来的红利（卢小平，2021）。为此，农产品供应链整合必须完善小农户融入农产品供应链整合的机制，促进小农户获得更多供应链增值收益。

一是完善分工协作和利益联结机制，大力发展农产品流通领域农民合作组织，提升小农户参与农产品供应链的能力。

农产品流通领域农民合作组织是指农户为实现流通环节的规模化经营和增加流通环节收益而按合作社原则组建起来的专业性经济合作组织，如储运合作社、农产品流通协会、流通经纪人协会等。合作组织的根本目的是谋求市场力量均衡，并通过发挥其流通服务功能，削弱农户进入市场、参与市场竞争的"功能性缺陷"。

发展农产品流通领域农民合作组织对于获取规模效应、降低流通成本，促进市场均衡、增进农户福利，促进产销对接、稳定合作关系，增进信息沟通、提高交易效率具有重要作用。

（1）获取规模效应、降低流通成本。一方面，农业生产特点决定了农产品生产环节的最优规模比流通环节的最优规模小，即在生产与流通不实行分工的情况下，当生产环节达到最优规模时（见图7-9中Q点），流通环节达不到最优规模，此时平均成本没有达到最低点（$C>C^*$），这就必然促使生产者将没有达到最优规模的流通环节分离出去，以实现流通环节的规模化经营，而分离的方式之一就是在农产品流通环节建立合作组织，它的经营规模不受个别农业生产者生产规模限制，可以在最优规模上运行，即图7-9中Q^*点（何国平，2007）。另一方面，在农产品流通环节建立合作组织，有利于降低农户与市场的交易次数和信息搜寻成本，有利于提升农户在交易谈判中的地位，这有助于实现农产品流通成本的节约。

（2）促进市场均衡、增进农户福利。由于农产品市场的不完全性，农产品价格很容易受到外界市场的影响而上下波动，这不利于农产品生产的连续性和农民收入的稳定性，而农民合作组织是提高农民收入的有效途径，在流通环节建立农民合作组织通过为单个农户提供一个联合的平台，使农产品市场结构从近乎完全竞争向寡头垄断转化，提高了市场集中度和农民对市场的掌控能

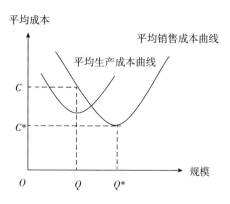

图 7-9　农产品平均成本曲线

力，这有利于提高农民的收入。从福利增进的角度来看，合作组织参与流通摆脱了其对下游公司的单向依附，农户通过集体行动有了话语权和自我选择权，其经营行为不再被下游公司所控制，农户不仅可以获得初级农产品生产经营的收益，还可以获得流通领域的经营收入。

（3）促进产销对接、稳定合作关系。通过合作经济组织把农民联合起来，实行产加销一体化经营，整体进入市场，实质上是通过重新整合生产、加工与销售的关系，在产、加、销环节之间建立一种新型的产业组织制度和合理的利益分配机制，有利于促进农村生产要素的合理流动和优化配置，促进农产品流通，这是实现小生产与大市场对接的最佳方式之一，农民合作组织沟通了农户和市场的关系，完善了"公司+农户"的传统农产品流通模式，促进了产销对接。另外，由于我国农产品供应链大多采用的是"农户+公司+经销商+消费者"模式，在这种模式中，公司和农户的地位是不平等的，存在"渠道权力不平衡"和"合作关系不稳定"的特征（赵晓飞和田野，2009），常常会出现公司与农户之间难以调和的利益冲突，而把农户联合起来，组建农民合作组织，通过合作组织来提升农户交易谈判力，能够平衡渠道权力，从而促进供应链合作关系的稳定。

（4）增进信息沟通、提高交易效率。农产品生产远离市场，由于农村交通通信设施落后、网络普及率低等原因，农产品初级销售市场中信息不对称问题严重，农民利益受损不可避免，而农民合作组织在解决这一问题上，具有较高的效率和较强的可行性。一方面，农民合作组织掌握着农民的生产信息，明确农民的利益诉求。另一方面，农民合作组织通过其专业的职能去搜寻的市场信息，能够及时为农民所接受，它通过产前收集市场信息来组织农民进行科学生产，产中为农民提供技术培训活动，产后为农民提供可靠的销售渠道，使农民的产前、产中、产后都有一个科学的指导，进而提高农产品市场交易效率。

二是推进流通领域农民合作组织发展。一方面要树立以农民合作组织为流通主体的流通规模化、流通服务化、流通现代化和流通品牌化战略，推动合作组织在信用合作、购销代理、物流配送等领域开展服务，提升合作组织流通服务能力。另一方面要积极培育大型农产品营销合作组织（Marketing Cooperative），提高合作组织的营销能力①，加快发展合作社电子商务②，提升合作组织流通信息化水平，大力发展销售合作类（如流通合作社、储运合作社、农产品流通协会、流通经纪人协会等）和供销合作类（基层供销合作社、供销合作社联合社等）合作组织，实现合作社流通服务功能的全面提升。此外，还要加强合作组织企业家人才队伍建设，加大合作组织人才的培养和引进，为合作组织服务供给提供人才支持。

三是约束资本、农业企业基于成本—利润核算的纵向控制机制，改为由企业、政府、农业科研机构协作，将"技术标准、数据信息、共享平台、服务小农户"的政策包糅合在一起，在不改变小农户家庭本位经营模式的前提下，将农户小而散的农产品种植和养殖，聚合成规模化、标准化、市场化的供应链（卢小平，2021）。

四是促进农产品供应链和价值链同步下沉，确保供应链各环节投入和收益成正比，扭转农产品供应链在价值分配上的"微笑曲线"，让小农户分享更多利益，并探索实行农民负盈不负亏的分配机制。一方面，要约束农产品供应链

---

① 在具体措施上，可考虑在合作组织主管部门增加指导、支持合作组织开展营销活动的职能，强化对合作组织经营管理人员营销知识、技巧的培训，更多地开展和推广"农超对接"等方面的工程，组织合作组织产品推介会、展销会等活动，帮助合作组织更快更好地适应市场，提升其营销能力。

② 合作社电子商务的具体模式如信息展示模式、独立商店模式、第三方平台模式等。信息展示模式一般是自建网站或者利用已有的公共平台，将合作社的信息、产品的信息进行网上公布、展示。独立商店模式一般是合作社建立自己独立的网站，对产品进行分类、详细介绍，建有"购物车"可以在线购买、在线支付。第三方平台模式一般是合作社入驻已有的第三方网上平台，通过这一平台，进行产品展示、销售。这种模式可抽象为"合作社农产品的集合"，这是与前两种模式最本质的区别。

上的核心企业完全基于转嫁成本、风险或主要以"市场圈定"为诉求的纵向控制行为，确保龙头企业真正带动、促进小农户参与到农产品供应链中，而非排斥小农户，追求垄断利润（卢小平，2021）。另一方面，要将小农户的生产通过流通环节导入专业化大生产和社会化分工体系中，使小农户能够通过分工机制和利益分享纽带逐步融入企业的供应链体系中，并通过优化小农户融入的帮扶机制、联农带农机制、分类促进机制、利益调节与约束机制，促进小农户更深入地嵌入农产品供应链整合过程，分享更多供应链增值收益。

五是完善小农户与大市场数字化衔接机制。一方面，要借助数字乡村建设这一契机，逐步推动小农户应用数字化技术，大力发展直播带货、社区电商等借助数字化技术建立起来的产销对接系统和数字化流通平台，用平台的整合机制对接市场，让分散的小农户深度融入供应链。另一方面，要大力推进订单农业与数字技术的深度融合。订单农业与数字技术的深度融合，不仅可以借助数据挖掘技术对消费者进行画像，指导农民调整生产结构和产品结构，实现以需定产，还可以利用大数据建立农产品溯源体系，提升产品信息透明度及消费者信任度，这对于拓宽农产品销售渠道、缓解小农户与大市场之间的矛盾、实现农产品精准营销具有重要作用。

（三）外引路径

1. 理顺农产品供应链管理体制，推行供应链链长制

供应链管理是一个涉及不同部门、不同企业的系统工程，应该综合考虑、相互协调（赵晓飞，2012）。要推进全渠道模式下农产品供应链整合，从政府层面来说，关键是要打破在供应链管理上的"条块分割""各自为政""多头管理"局面，紧紧围绕畅通国内大循环、助力构建新发展格局这一主线，遵循"强节点、建链条、优网络"的发展思路，建立"政府引导、部门协调、企业主导"的供应链管理体制，政府应把主要工作放在营商环境建设、完善农产品市场法律法规、加大基础设施建设力度、搭建农产品物流平台、建立供应链数字平台和监管服务平台、做好电子商务服务工作、引导市场规范有序发展等方面上。

链长制①是指将龙头企业作为"链主"、地方政府相关负责人任"链长"，并以此为抓手来弥补市场失灵，推进产业链供应链上下游贯通的一种产业管理新方法。链长制是强链补链的新机制，是一项强化供应链主体责任的制度创新，有利于提升供应链韧性和现代化水平。链长制本质上并不是要求政府去主动干预企业的人财物、产供销等微观经济活动，而是地方政府通过更好地发挥行政机制力量，来强化对产业链供应链的协调（刘志彪和孔令池，2021）。

就农产品供应链而言，推行链长制，一方面要围绕重点供应链（如粮食、生猪、蔬菜等），定制化出台供应链巩固发展专项行动计划、专项扶持政策，加大"从田间到餐桌"的全链条个性化扶持，推动"主导产业建链、加工流通延链、科技创新补链、园区集群壮链、融合发展优链"建设，探索实施"一链一图、一链一制、一链一策"的体制机制，有效提升供应链一体化程度和韧性水平；另一方面要坚持"锻长板"与"补短板"并举，将关联度高、协同性强的农业企业、行业协会等各类主体纳入供应链中，建立风险共担、利益共享的协同创新机制，补齐农产品供应链中上游短板（农民组织化程度低，大型农业龙头企业数量少），打造农产品供应链融合发展新模式（如农产品全渠道供应链、农产品数字化供应链），提升供应链现代化水平。

2. 积极培育农产品供应链链主企业

链主企业一般指的是在整个供应链中占据优势地位，对供应链大部分企业的资源配置和应用具有较强的直接或间接影响力，并且对供应链的价值实现予以最强烈关注，肩负着提升供应链绩效重任的核心企业。链主企业是实施全渠道农产品供应链整合的中坚力量。这个链主企业既可以是农业专业合作社（或联合社）、农产品加工企业、大型营销企业，也可以是大型批发商或零售商，这取决于链主企业的规模、信誉、联农带农能力、信息化水平及资源整合能力。因此，要通过培育有一定规模、较高威信、联农带农能力强、信息化水平高和资源整合能力强的头部企业或专精特新企业（专业化、精细化、特色化、新颖化）担当农产品供应链链主企业，并使其建立起统一的供应链管理

① "链长制"最早出现在湖南省长沙市。2017年11月，长沙召开全市产业链工作动员部署会，提出由20位市级领导担任"链长"。2020年9月，国务院发布《中国（浙江）自由贸易试验区扩展区域方案》指出构建"链长制"责任体系，这是首次国家层面政策文件中提及"链长制"。

平台（李崇光等，2016）和分工协作、共创共享、共荣共生的供应链生态圈（钟真，2011），促进供应链现代化发展。具体来说，链主企业一方面要通过产销联盟、共同营销等方式增强对产销的带动作用，形成产销衔接的供应链体系，提高供应链的运行效率；另一方面也要通过协同合作机制和信息平台形成高度组织化、高度柔性化的供应链网络，增强供应链的韧性。特别是在国家大力推进双循环战略背景下，链主企业必须更多担负起畅通国内大循环、助力构建新发展格局的历史重任。因此，各级政府一定要支持大型国有和民营农企的发展，推动它们完善重要农产品流通网络，加快建设国际国内相互促进的农产品供应链网络体系，形成"销—供—产"反向的供销平衡关系，保障市场供应，促进消费升级，带动农民增收。

3. 加强农产品供应链各环节信息化建设

首先，政府要加大对供应链节点信息设施的资金投入，加大对供应链信息网络体系、智慧物流平台、大数据质量安全监管平台、数字化流通平台等的建设力度，着力培育一批全程物联化、全链可追溯、全域可视化的特色农产品供应链平台，改善农产品供应链信息网络基础设施。其次，政府要在完善"农产品一流三网"信息系统[①]的基础上积极构建基于大数据的农产品供应链综合信息服务平台，整合农产品生产、加工、物流、仓储等企业，并将质检、物流、营销等环节整合到信息平台上，同时通过大数据技术实现各个环节的实时跟踪、有效控制和全程管理。最后，政府要加快专业化、精细化的物流信息系统建设，加强农产品智慧物流体系建设，帮助农产品供应链主体实现全渠道信息协同和全渠道供应链"最后一公里"整合，提升农产品供应链的需求响应能力和水平。

4. 构建农产品供应链质量安全体系

构建农产品供应链质量安全体系既是满足消费者安全、生态、绿色的农产品需求，不断提升消费者良好购买体验的重要保障，也是全渠道模式下农产品供应链整合必须考虑的问题。

农产品供应链质量安全体系的核心是把供应链质量管理（SCQM）的理念

---

① "农产品一流三网"信息系统是指以信息流为中心，打造农产品供应资源网络、农产品配送资源网络、农产品信息交换网络，共同完成从生产到销售的整个流程。

和方法嵌入供应链管理过程中，同时重视政府、公众、行业协会、新闻媒体等对供应链质量安全的监管作用。它强调以正向监督、逆向追溯为手段实施全过程供应链质量安全管理，打造基于质量安全的农产品供应链管理模式，构建"从田间到餐桌""从枝头到舌尖"的农产品全链条可追溯质量安全管控体系，提高消费安全水平（赵晓飞，2012；姜盼等，2019）。为此，一是在发展理念上，要秉承可持续发展思想，实施绿色采购、绿色包装、绿色仓储、绿色流通，通过对供应链全周期的管理和监控，构建生态环保、可持续发展的绿色生态供应链。二是在制度规范上，要进一步完善农产品安全监管征信制度、披露制度及问责制度，从风险防控、过程管控、数字监控等方面建构高效有序的监管机制和制度，使农产品质量安全体系建设有法可依。三是在技术体系上，要充分运用物联网、大数据、云计算、区块链技术，从农产品产地安全管理、农业投入品监管、生产行为监管、产地准出和追溯管理、农产品收贮运环节监管等方面加强农产品质量安全管控信息化建设，构建农产品生产全过程的数据信息采集体系和产品溯源体系，研制绿色防控、智慧管控技术产品和装备，逐步实现农产品质量安全监管全程数字化、信息化和便捷化。当前，我们要积极探索利用新一代信息技术的"阳光农安"① 智慧监管模式，通过信息公开、透明管理、技术引导、考核激励等方式，实现农产品供应链过程管控、分段监管和属地监管的共建共治，促进农产品供应链主体诚信自律，推动消费者、公众、行业协会、新闻媒体等社会监管主体广泛参与到质量安全监管过程中。这一监管模式，通过互联化、物联化、智能化手段，使生产过程透明化，质量监管智慧化，从事前、事中和事后全面保障了农产品质量安全，有助于满足消费者对安全、生态、绿色的农产品需求，提升全渠道模式下消费者体验水平。

5. 消除农产品供应链体系中的要素和市场分割

供应链体系中的要素和市场分割是指因体制机制不完善或技术应用不充分导致的阻碍流通设施互联、市场信息互通和要素自由流动的状态。消除供应链体系中的要素和市场分割是实现资源要素自由流通，推进农产品供应链一体化

---

① "阳光农安"是在 2021 年全国农产品质量安全监管工作视频会议中提出的，是农产品质量安全监管领域应对新形势、积极探索的一项重大的治理体系变革，其目标是要实施"阳光生产"（加强主体信息披露）、"阳光监管"（全程透明管理）、"阳光消费"（畅通消费者投诉渠道）和"阳光考核"（加强考核奖惩激励）。

整合的重要手段。解决供应链体系中的要素和市场分割可以从技术和制度两个方面入手。一是农业企业要积极应用互联网和数字化技术打通资源、信息、数据在供应链上下游的流通渠道，推动区域之间的市场联通、要素流动和数据共享，降低要素和市场跨区流动的交易成本，打破农产品流通的时间、空间限制，消除技术性分割。二是政府要依据全国统一大市场建设的要求，通过优化制度设计、提升监管效能，加快推进农产品现代流通网络、市场信息交互渠道、交易平台等市场设施的互联互通，打破阻碍要素流动和市场一体化的体制机制，改善产品和要素流通的软硬件环境，削减制度性分割。

二、全渠道模式下农产品供应链整合的保障机制

保障机制是引导和制约农产品供应链整合活动的基本准则与相应制度。要推进全渠道模式下农产品供应链整合，必须建立一套以"需求分析与反馈机制、物流配送与追溯机制、信息共享与治理机制、利益协调与分配机制"为核心的运营保障机制，确保供应链整合活动的有效进行。

（一）需求分析与反馈机制

全渠道模式下的农产品供应链整合强调以消费者需求为驱动，逆向整合消费需求信息，并通过信息平台将信息传递至供应链各环节，以实现需求的快速响应。但由于农产品的特殊性和消费者需求的多变性，为实现需求的快速响应，农业企业必须要建立需求分析与反馈机制。具体而言，一是建立需求信息分析机制。农业企业要积极应用大数据、人工智能、云计算、智能算法等信息技术，整合、分类、统计线上线下需求数据，并通过数据挖掘和数据分析，深入了解消费者偏好，找准消费者的核心需求，建立以消费者为主体的微决策运行体系。二是建立需求信息反馈机制。农业企业要充分利用多样化的农产品消费场景（如平台直播、社交媒体营销、网上农产品超市等），加强与消费者的互动，并将消费者反馈的产品信息、质量信息、物流信息、需求信息及时传递给采购、生产、加工、物流等环节的成员，进而提高供应链需求响应速度。三

是提升农业企业全渠道能力。农业企业要积极打造全渠道协同服务平台，利用平台的全渠道统一管理功能，传递统一的线上线下产品信息，开展统一的全渠道运营，并通过完善全渠道服务协同机制，实现全渠道产品管理、订单管理、物流管理和数据管理的协同，为需求分析与反馈机制的建立提供能力支撑。

（二）物流配送与追溯机制

全渠道模式具有"订单碎片化"特征和"对物流要求高"的诉求（柯春媛，2019），再加上农产品具有保质期短且易损易腐的特点，因此，物流配送与质量追溯是全渠道模式下农产品供应链整合的关键。一方面，物流是要在线下实体运作，有空间的转移和时间的消耗，供货、加工制造、交货、售后服务等都会受到物流的制约；另一方面，物流配送时间长短、成本高低、产品质量好坏影响着消费体验。物流配送与追溯机制的建立和完善离不开物流企业、供应链核心企业、政府的相互合作。

就物流企业而言，面对多元化消费需求催生的多样化物流配送方式，企业应尽快建立以消费者为中心的物流配送体系，不断满足消费者便捷化、个性化、安全化的物流服务需求。就供应链核心企业而言，一方面，要加强与智慧物流企业、第三方物流企业的合作，构建数字化物流服务平台，并通过共享物流数据来完善物流配送机制；另一方面，要加强与上游农户、合作社及下游经销商合作，多触点获取物流数据，同时联合线上线下消费信息，科学管理农产品采购系统、库存系统、质量管理系统、退货系统，完善物流追溯机制。就政府而言，一方面，要根据当地实际，合理规划城市物流配送中心，满足电商物流配送的时间需求和地理需求；另一方面，要积极搭建基于大数据的农产品智慧物流平台，重点培育智能化、专业化、精细化的物流企业，完善以大数据为基础的物流配送与追溯机制。

（三）信息共享与治理机制

农产品供应链中的信息具有复杂性和多样性特征。因此，为推动全渠道模式下的农产品供应链整合，必须建立健全信息共享与治理机制，这有助于提高参与信息共享的供应链成员的利润（原因证明见附录1），支撑线上线下融合联动的全渠道供应链的形成。具体而言，一是农业企业要以现代信息技术为抓手，积极完善信息管理系统，引导成员之间有序开放业务交易信息、供需变动信息等，推进供应链全过程信息共享，降低信息不对称性的风险。二是供应链成员之间要探索建立以分类机制、保密机制、维护机制、处理机制为核心的信息披露机制和安全治理机制，保障供应链全过程信息的安全披露，平衡全渠道供应链转型和保护隐私之间的关系。三是政府要通过政策、资金扶持，加强数字化供应链公共服务平台建设，完善供应链信息治理模式，逐步建立智能化、社会化、专业化的供应链信息治理机制。

（四）利益协调与分配机制

全渠道模式下的农产品供应链整合涉及的成员较多，各成员之间利益关系错综复杂，为保证供应链系统稳定运行，在各成员间建立以合作共赢为目标的利益协调与分配机制就显得尤为重要。具体而言，一是可由地方政府牵头建立以农产品电商企业、农产品加工企业、批发零售企业等为主体，以企业和农民共同投资为主要形式的农产品供应链联盟，并通过法律文书的形式实现利益分配的规范化和制度化。二是坚持公平公正和协商让利的利益分配原则。一方面，在利益分配上以合同约定（要特别注意规范合同内容、明确责任程序，健全农民和企业诚信制度）或集体协商为依据，明确供应链成员间的平等关系，保证各成员均能获得合理报酬，体现投入与产出、风险与收益之间的对等关系（原因的证明见附录2）。另一方面，供应链核心企业应从长远角度出发，强化利益调节机制建设，并通过供应链金融[①]的方式为农产品供应链成员提供信用担保，一旦成员出现问题，核心企业要主动让出一部分利益给利益受损的成员，以维持供应链整体的平衡性和稳定性。三是要特别关注对小农户利益的保护，完善小农户与企业间的利益分配方式（如新型订单模式、股份合作模

---

　　①　根据利基研究院于 2017 年发布的《农业供应链金融发展研究报告》，供应链金融（Supply Chain Finance）是指将供应链上的核心企业以及与其相关的上下游企业看作一个整体，以核心企业为依托，以真实贸易为前提，运用自偿性贸易融资的方式，对供应链上下游企业提供的综合性金融产品和服务。所谓自偿性贸易融资，就是根据企业真实贸易背景和上下游客户资信实力，以单笔或额度授信方式提供金融产品或贷款，以企业销售收入或贸易所产生的确定的未来现金流作为直接还款来源的融资业务。自偿性贸易融资是供应链金融最为重要和显著的特点之一。

式、服务带动模式、多层次融合模式）和多维联结机制（组织联结、市场联结、信息联结、产业联结），强化农户利益保障机制建设，让农民更多分享供应链增值收益，充分维护农民利益。

本章小结

本章结合"整合—绩效"实证分析结果，并依据整合理论分析框架，从内生和外引两个层面提出了全渠道模式下农产品供应链整合的实现路径和保障机制。

研究认为，全渠道模式下农产品供应链整合受制于经济社会发展水平、技术资源约束和政府体制目标的制约，推进全渠道模式下农产品供应链整合必须考虑经济、社会、科技发展的现实，根据自身条件和政府供应链管理体制的政策目标相机抉择，在实践中坚持问题导向原则、效率与效益中心原则、统筹兼顾协调发展的原则、顺势而为原则，在路径选择上走内生路径和外引路径相结合的道路。其中，内生路径主要包括打造基于大数据技术的农产品供应链一体化链条，推动农产品全渠道流通的发展，构建模块化供需对接型和需求精准导向型供应链，推动"线上线下一盘货+To B/C 一体化"的农产品供应链创新，推动供应链数字化转型，打造全渠道供应链运营模式，完善小农户嵌入农产品供应链整合的机制。外引路径主要包括完善农产品供应链管理体制、推行供应链链长制，培育壮大农产品供应链核心企业，强化农产品供应链各环节信息化建设，构建农产品供应链质量安全体系，消除农产品供应链要素和市场分割。此外，为确保供应链整合活动的有效进行，还必须建立一套以"需求分析与反馈机制、物流配送与追溯机制、信息共享与治理机制、利益协调与分配机制"为核心的运营保障机制。

第八章　全渠道模式下农产品供应链整合的对策措施和政策建议

本章主要综合前几章研究，提出推进全渠道模式下农产品供应链整合的对策措施和政策建议，以服务政府决策。

一、培育壮大农产品供应链主体，拓宽农产品产销渠道

（一）培育壮大农产品供应链主体

一是大力发展农民合作社联合体，推动农民合作社由各自负责、各自经营、比较单一的生产销售领域向产、供、销、运、加等综合性跨行业多领域转变，提升农民进入市场的组织化程度。二是推动农业龙头企业间联合重组，构建大型农产品企业集团或农工商综合体，推动农产品批发市场集团化发展，培育一批有品牌效应的大型农业产业化龙头企业。三是进一步加强农产品加工配送中心和物流骨干企业建设，推动其向规模化、集约化方向发展。四是大力发展大型农产品加工企业和销售型的农产品经营公司，推动超市、连锁便利店和直销店等零售终端向品牌化、规模化发展。五是大力培育农村电商经营主体，按照"农户+企业+平台+产业发展"的模式，重点培育一批有影响、有潜力、有前景的区域性或全国性涉农电商龙头企业，尽快建立健全涉农电商企业品牌

培育、发展和保护机制，推进涉农电商企业向集团化、规模化、品牌化方向发展。六是围绕制约农产品供应链现代化的"卡脖子"技术，做强一批自主创新能力强的科技型头部龙头企业，针对果蔬茶等满足消费者多样化需求的特色农产品领域，做优一批引领行业发展的骨干企业。七是积极培养和壮大"网农"群体，推进"互联网+"背景下新型农产品供应链参与主体（如农产品直播销售员）的发展，助力农产品上行。

（二）拓宽农产品产销渠道

一是大力发展农企、农超对接，基地配送、宅配、个性化定制等多种形式的产销对接，同时推动供应链主体将线下渠道与休闲体验相结合，建设优质特色农产品直营店、体验区，促进农产品销售。二是引导农产品供应链上中下游各类主体，共建共享大数据平台信息，推动线上线下联销。三是推动电商企业在产地建设一批田头市场，开展农产品线上批发、零售和产销对接等活动，支持有条件的农产品电商企业依托农村信息化运营商、电商直播平台、直播机构，发展直播卖货、助农直播间、移动菜篮子等，推动农产品上行，拓宽农产品产销渠道。四是推动供应链主体在大型电商平台开设旗舰店做好电商零售，拓展批发电商、分销电商渠道，培育社交电商、直播电商等新模式，构建多样化、多层次的全网营销渠道。五是支持有条件的农业企业积极融入全球农产品供应链，充分利用国际资源和市场，推进"一带一路"农业供应链合作、境外农产品批发市场建设和跨境电商，拓宽农产品销售渠道。

二、创新农产品流通方式，打造一体化供应链链条

（一）创新农产品交易方式，大力发展农产品智能交易网络

一是大力发展农产品电子商务等现代交易方式。充分利用现代信息技术手段，建设集信息发布和网络销售于一体的农产品电商平台，带动农产品从线下交易向线上交易转型。但在这一转型过程中，供应链核心企业务必要结合当地

经济基础、资源禀赋、人文风俗等差异化，因地制宜发展各具特色的电商模式，不能以专业化、标准化之名，扼杀了特色化、个性化。二是大力发展农产品智慧交易网络。应用5G网络、射频识别、全球定位系统、大数据采集系统、区块链技术和互联化、物联化、智能化手段，对农产品供应链各环节进行信息化和数字化改造，构建基于供应链数字化平台和移动终端的农产品智能交易网络，加速供应链上下游主体的数据互通，实现产—供—销的智能化、数字化管理。

（二）开展"农商互联"，推动农产品供应链线上线下深度融合

"农商互联"是指通过引导农产品流通主体（农）与电商企业（商）全面对接和深度融合，打造上联生产下联消费、高效便捷、数据共享的农产品供应链体系，全面提升农产品流通的信息化、标准化、集约化水平。开展"农商互联"，重在借助电子商务将线上线下资源联结，提高农产品供给体系的质量和效率。为此，一是要以"农为商用""以商助农"为指导思想，发挥"农""商"双方的优势，打造以电商企业为纽带的一体化农产品供应链。二是要按照电商销售标准对网销农产品进行分级分等处理，完善网销农产品品控分拣、预冷仓储、包装运输体系，满足电商对货源规模化、标准化、品牌化的需求。三是要推动农产品电商企业与传统线下流通主体进行合作，发挥线上线下企业各自优势，为消费者提供高效便捷的配送服务。四是要大力推广3S（GNSS、GIS、RS）、物联网、条形码、电子标签、射频识别（RFID）、手持终端等信息技术，建立健全基于"大数据"体系的"农商互联"地理信息平台，为"农商互联"提供技术支撑。

（三）推进农产品批发商经营模式创新，探索建立农产品虚拟批发市场

一是加强批发商市场信息系统建设，完善数字化交易配套和服务设施，大力发展电子结算、订单交易、拍卖交易等现代化交易方式。农批市场应结合自身实体市场、仓储（冷库）配送、质检、供应链等优势，打造集"展示展销、采购交易、物流配送、信息发布、质量检验、供应链金融"等功能于一体的产业互联网生态平台，通过线上电商平台和线下实体市场结合，整合拓客引

流、店铺展示、营销促销、仓配一体化、移动互联网、供应链金融等资源，高效服务农贸市场商户与餐饮食堂等 B 端客户。二是引导批发商走专业化、品牌化、批零融合化路线，向"品牌建设＋平台展销＋仓储物流"的农产品展贸中心转型，同时针对不同需求的客户，鼓励批发商发展定制化服务，提高供需匹配度，增强服务客户的水平和能力。三是加强批发商与智慧物流企业合作，推进批发商和冷库冷柜销售终端的对接，实现农产品的智能交发、实时跟踪、便捷发货，提高物流智慧化水平，促进农产品高效配送。四是充分利用新一代信息技术，推进农产品批发商对接融入供应链数字化平台，促进线上线下融合发展，推动批发商传统交易模式数字化重构，促进供应链各环节信息交互和上下游成员的互联互通，实现批发商"商仓流"一体化经营。五是探索建立以协同服务机制（CPFR）为保障、以数字化平台为支撑的虚拟批发市场体系，推动批发商搭建虚拟化网上展示平台，提升场景式、体验式功能。

（四）构建现代农产品供应链体系，推进供应链一体化运营和韧性提升

现代农产品供应链体系（MASC）是指在传统供应链系统中嵌入"新型合作机制、韧性提升机制和现代化交易平台"，以完成对传统供应链系统的整合。它强调"以信息化和数字化运作为核心，以合作化成员关系为基础，以规模化流通主体为支撑"，推动供应链各环节的无缝衔接和整个供应链的韧性提升，并最终实现农产品价值增值和消费者满意的目标。为此，一要加快农产品供应链信息系统和数字平台建设，提高商流、物流、信息流的协同化水平。当前要大力实施"数商兴农"，通过数字赋能供应链，带动农产品网络销售，构建基于互联网的供应链管理模式，形成协同高效、利益共享的现代农产品供应链体系。二要大力发展各种形式的产销联盟、互助联销、共同营销，提高供应链成员间的合作化水平，特别是要引导有条件的头部企业，搭建供应链数字平台，通过平台集聚，实现信息共享、品牌共创、渠道共建和质量安全可追溯。三要大力发展农民专业合作社（或联合社）、大型农产品加工企业和农产品分销集团，提升供应链主体的规模化和组织化水平，并引导它们牵头组建农业产业化联合体，前端联结农业研发、育种、生产等环节，后端延展储运、销售、服务、体验等环节，提升供应链集成化水平，促进全链条一体化运营。四

要按照多样化、安全性和可持续性的供应链建设原则，通过制订战略性供应链计划①、巩固供应链节点（横向节点、纵向节点和空间节点）、创建供应链备份②（产品备份、市场备份、供应商和销售商备份、物流备份）、推动供应链数字化转型以及完善全链条风险管理和协同运作机制，增强供应链防御性反应、预期性反应及成长性反应能力，降低由于脆弱性导致的供应链断链、折链现象，不断提升农产品供应链韧性③（何亚莉和杨肃昌，2021）。韧性供应链能够敏捷识别和响应供应并中断风险，快速恢复，并在恢复后重建供应链能力从而获取可持续的竞争力。但韧性建设策略需要在高效与包容之间权衡取舍，认识到不同产业（如粮食、生猪、蔬菜、水果等）和不同企业的异质性及特殊需求，同时完善对小农户的帮扶机制，构建基于风险并能应对冲击的社会保护体系。

三、完善农产品供应链信息服务体系，提升信息化服务能力

（一）加快农产品供应链信息服务体系建设

一是整合政府职能部门的农产品市场信息资源，建立综合型职能机构，或者通过各职能部门之间的工作衔接，收集整理农产品供求信息和价格信息，分

---

①　战略性供应链计划能够以前瞻性的视角和互联的方式，帮助企业更好地预测问题，限制供应链中断的影响，其实质是将供应链管理从被动的运营管理提升到主动的战略管理。它可以帮助管理人员同步供应链的所有环节，提高可视性和敏捷性，是打造韧性供应链的重要步骤。

②　供应链备份的核心理念是，在当前的主供应网络内"隐藏"一张或多张隐形辅助供应网络，一旦出现危机，备份供应网络能够帮助企业平稳渡过危机。区别于耗费大量时间和资源来计算不同风险发生概率的传统方法，备份供应通过核算网络核心能力的备份成本来量化潜在风险，从而进行配置选项决策。

③　供应链韧性建设包含两个方面：对供应链冲击的事前预备能力和冲击发生后的恢复能力。事前预备的关键在于首先要识别供应链各环节的薄弱之处，并将其分类制定策略，然后对可能发生的潜在风险制订应对方案。供应链的恢复能力需要建立"后备"设施或资源。"后备"设施或资源的建立来自两个层面：在战略层面，妥善设计安排供应链设施或合作伙伴的网络，以有能力在供应链某部分受到冲击时，由其他部分予以弥补。在战术层面，确保生产设施或资源能够有替代性或通用性，以在保持"后备"能力的同时，尽可能提高整体的资源利用率。

析预测农产品市场走势和需求变化，定期向供应链主体发布相关信息。二是推动各类农产品供应链主体和农产品市场信息机构完善信息化管理系统，并与国内主要农产品市场网络、全国农业信息网络相连，构建互联互通的全国农产品供应链综合信息服务平台。三是以新一代信息技术为基础，选取数字化基础较好的地区开展示范，建立一套"从田间到餐桌"全程可追溯的智能化农产品质量安全可追溯系统，实现对农产品供应链各个环节信息的记录与追溯，提高农产品质量安全监管的数字化水平与服务能力。四是引导各类互联网企业、电商平台发挥自身优势，与农户、合作社、生产基地、农业企业建立"人地钱货"直通车服务平台，为它们提供资金技术、交易平台、营销渠道、运营管理等服务。

（二）加强农产品供应链信息监测预警体系建设

一是完善农产品价格报告制度，坚持对蔬菜、肉食、粮油等主要农产品定点市场价格日、周报制，进一步健全国家、省、市、县四级纵向联系和报送机制（李崇光等，2016）。特别要关注疫情带来的影响，建立健全主要农产品应急价格监测制度，密切跟踪价格动态，确保市场出现异动及时预警。二是抓好重点农产品市场监测分析，注重提高供应链应急监测分析能力，健全农产品供应链应急监测分析机制。三是加快分析研判体系建设。农业部门要加强内部统筹协调，扩大与院校和科研院所的协作，探索建立多元化的分析研判体系，提高农产品供应链监测预警能力，强化农产品供应链信息监测预警的开发利用。四是建立基于事件的供应链预警体系（Event-Based Supply Chain Early Warning System，EWS）。基于事件的供应链预警体系的建立是保持供应链韧性的关键要素。它是指通过一些手段和举措（如大数据技术、数字化监测预警机制）尽早识别并告知重要的事态发展，并且根据预警信息，从供应链运营的业务维度（交易流、物流、资金流和信息流）和供应链的级数维度（农户、合作社、客户）采取适当措施，以最大限度地减少意外事件（如新冠病毒感染）所导致的供应链风险（宋华，2020）。五是建立农产品供应链极端冲击防范机制。一方面，要对农产品供应链分门别类地进行分析、评价，识别关键节点、关键企业风险，跟踪关键节点和关键链路上的风险，提升对重大安全隐患进行预测和适应性调整的能力，将有限的资源精准配置到每个节点和链路上，实现整体网络的风险最小化。另一方面，要加强应急物资储备体系建设，精心设计备份系统，建立储备充足、反应迅速、抗冲击能力强的应急物流体系，推进供应链多元化，满足极端情况下的消费者需求。

四、提高农产品供应链运营的技术水平和标准化程度

（一）提高农产品供应链运营的技术水平

一是大力研发各类保鲜技术、温控技术、冷链流通技术，推广应用农产品质量安全与品质快速分析检测、农产品智能包装分拣设备，减少农产品供应链环节损耗，提高农产品供应链运营的技术装备水平。二是制定完善农产品分等分级、预冷仓储、包装配送、冷链运输等环节的技术标准，提升农产品供应链运营的技术化水平和规范化程度。三是积极推动大数据、人工智能、云计算、物联网、5G 在农产品供应链领域的应用，重点开展农产品供应链中的信息感知、数据交换与共享、信息智能决策与管理、区块链溯源、智慧仓储与物流等关键技术攻关，提升农产品供应链智能化、网络化运作水平。

（二）提高农产品供应链运营标准化程度

一是通过制定统一操作规程和推行生产档案管理制度来规范农产品生产，促进生产标准化。二是制定分级分类标准，对农产品进行分等、分级、归类，推行无公害、绿色、有机认证，促进产品标准化。三是完善农产品物流企业在包装、装卸、搬运等方面的标准，尤其是对农产品的冷链物流企业，在温度、时间、冷藏设备等方面要严格相关标准，促进物流标准化。四是鼓励政府相关部门和农产品流通行业协会完善奖励机制，推行农产品产供销"四统一"管理（统一商标、统一标准、统一质量、统一包装），同时按照"有标采标、无标创标、全程贯标"的要求，推动农业龙头企业与供应链成员共创特色品牌，

构建覆盖生产、加工、流通等全链条的品牌标准体系。

五、加强农产品流通基础设施建设，提高保障水平

（一）加大农产品流通基础设施建设的投入

一是设立农产品流通投资基金，加大对大型农产品配送中心、冷链物流中心、市场信息网络、供应链数字化平台、质量安全监管平台等基础设施建设的投入。重点建设监管职能全覆盖、农经数据全汇聚、科学决策全链条的农产品供应链大数据平台，打造包含省市县三级、覆盖科研、生产、消费、库存、贸易、价格、成本收益等多维度的重要农产品大数据资源体系，提供农户科学生产、市场预警预测、消费者质量追溯和产品推荐、政府科学决策等全链条闭环服务。二是加大对农产品批发市场升级改造的财政、税收、信贷支持力度，特别是对其交易和冷藏设施、通信和信息系统、电子结算系统、质量检测系统等配套服务设施建设要予以重点支持。三是加强零售终端建设，进一步推进农业龙头企业在城市建设超市、连锁便利店和品牌直销店等销售终端，探索推进"互联网+供销社"数字化改造工程，打造智慧农批、农贸市场，发展社区便利店和平价商店。四是引导供销、邮政、快递和农村传统商贸流通企业加快数字化转型升级，运用5G、大数据、人工智能等技术推动产品数字化、运营管理智能化、为农服务精准化，实现线上线下融合发展，打造适应本地消费需求的现代流通服务体系。五是创新投资回报机制，给民间资本以平等的生存空间，采取担保贴息、以奖代补、民办公助、风险补偿、股权投资等措施，调动民营资本投资农产品供应链网络基础设施建设的积极性。

（二）加快农产品冷链物流体系建设①

一是通过政策引导，推动农民专业合作社、农产品加工流通企业、邮政物

---

① 具体参见中国贸促会研究院于 2021 年 10 月发布的《一体化供应链物流服务发展白皮书》。

流、大型商贸企业参与农产品冷链物流系统建设，发展多样化的农产品冷链物流主体。二是加强对传统冷链设施、冷藏运输装备的技术改造，推动传统冷库向冷链物流配送中心转型，大力发展移动冷库、集配中心。三是加快冷链物流基础设施建设，重点加强产地预冷、冷藏运输、零售终端等薄弱环节建设，推动冷链物流的全产业链封闭流通，建立"从田间到餐桌"的全程冷链物流体系。四是加快建立基于大数据技术的全流程、全场景的一站式冷链物流服务平台，推进产地、销地信息共享，优化车辆线路，确保物流作业全程可追踪、过程协同可控、结果可预测、风险可调控。五是推进农产品冷链物流标准的制定，促进农产品冷链物流的规范化发展。

（三）加强农产品现代物流建设

一是扶持与发展一批专业化的农产品物流公司，尤其是头部智慧物流公司，发挥其在运营管理、技术控制、标准建设方面的优势，推动农产品物流朝着标准化和规范化的方向发展。二是大力实施物流信息化工程建设，运用互联网、大数据、云计算等新一代信息技术整合农产品物流环节的信息，加快物流企业与农产品供应链综合信息平台的有效对接，推进农产品智慧物流体系建设，以实现农产品供应链采购、生产、流通等上下游环节信息实时采集、互联共享和一体化运作。三是大力发展一体化供应链物流服务。"一体化供应链物流服务"作为外包物流服务市场中一种新的细分形式，是以数智化核心竞争力为基础，具有全链条服务功能、提供定制化解决方案的物流服务新模式（中国贸促会研究院，2021）。一体化供应链物流服务有助于提升农产品供应链柔性、缩短响应时间、促进精准营销，但其实现需要物流服务提供商具备以基于数智技术的资源整合能力、全面的供应链执行能力和定制服务能力为保障。四是推动农产品电商企业创新物流配送模式，积极发展联盟物流和合作物流，通过引入"众包物流"或"社区配送"资源，完善现代物流体系。

六、完善相关制度，优化运行环境

（一）健全管理制度

一是废除农产品流通"部门分段管理"模式，按照全国统一的市场要求，建立"以行为管理为中心的管理模式"，组建国家层面的流通管理机构，实施垂直化管理，理顺农产品供应链管理体制。二是全面建立农产品供应链质量安全监管制度、农产品市场准入制度和不合格农产品就地销毁制度，全面推行农产品达标合格证制度，探索建立"区块链溯源+合格证"合二为一的开证制度，实现产地环境、农业投入品使用、农事生产过程、风险等级、质量检测等质量安全关键环节信息数据上链，提升消费者对农产品品质与质量安全的信任度。三是完善农产品供应链风险应对机制。要科学预测各种风险，不断完善粮食等重要农产品供应链安全风险应对机制，形成闭环农产品供应链，健全农产品应急管理的体制、机制，加强应急队伍、应急平台和应急物资储备制度建设，探索构建"平时—危时—战时"供应链协调机制和风险应对机制，将公共卫生事件、社会安全事件、金融危机事件，甚至战争带来的风险降到最低，保障市场供应和社会稳定（张喜才，2022）。但需要指出的是，在制度建设的实践操作中，一定要结合我国农产品供应链实情，把握好农产品供应链发展的阶段性特征和地区差异，处理好制度的兼容性和地区多样性，处理好经济社会发展水平、技术资源约束和政府体制目标的关系，避免因制度不协调而引发的冲突内耗问题。

（二）完善政策支持

一是严格执行国务院关于免征蔬菜流通环节增值税政策、鲜活农产品"绿色通道"政策，出台措施进一步降低农产品批发市场进场费、摊位费，清理超市向供应商收取的违反国家相关法律法规的通道费。二是充分发挥财政资金的杠杆效应，通过设立基金、贴息、担保等形式，撬动更多的社会资本参与农产品供应链节点网络建设，破解融资难题。三是做好重点项目扶持，对符合区域布局的大型农业企业在建设配送中心所需用地，要优先安排计划、优先组织供地，并在资质认证、项目审批、技术指导等方面提供支持。四是探索财政项目资金以股权化方式支持农产品供应链主体拓展大数据业务和加强数字化网络平台建设，支持符合条件的农业企业发行企业债券和挂牌上市，拓宽供应链建设的融资渠道。五是支持高等院校和职业学校设置供应链相关专业和课程，加快培养多层次供应链人才。

本章小结

　　农产品供应链与制造业和服务业供应链不同。它所涉及的范围更广，更具社会性。它是处于特定经济、社会、科技环境下的农产品流通子系统。全渠道模式下的农产品供应链整合是一项系统工程，既涉及供应链系统自身的变革，也包括外部环境的变革，因此必须多方施策、整体推进。本章综合前几章的研究，系统提出了全渠道模式下农产品供应链整合的对策措施和政策建议。具体来说，一是培育壮大农产品供应链主体，拓宽农产品销售渠道。二是创新农产品流通方式，打造一体化供应链链条。三是完善农产品供应链信息服务体系，提升信息服务能力。四是加强农产品流通基础设施建设，提高保障水平。五是提高农产品供应链运作的技术水平和标准化程度。六是健全管理制度，进一步完善政策支持。

第九章 研究结论、研究不足与研究展望

一、研究结论

本书针对我国农产品供应链存在的信息流断裂、供需不衔接、集约化程度低、需求响应性差、质量安全问题频发等现实难题，并结合全渠道发展的影响，运用全渠道零售理论、农业纵向协作理论、核心能力理论、资源依赖理论、组织信息处理理论，采用归纳与比较分析、理论与实证分析相结合的方法，建立了以"历史规律分析—现实问题分析—理论框架构建—效应、机理分析—路径、对策分析"为主线的研究思路和内容体系，对全渠道模式下农产品整合及其效应问题进行了深入研究，得出如下研究结论：

（一）关于传统渠道模式下农产品供应链整合的特征与规律

渠道模式变革遵循从单渠道到多渠道，再到跨渠道，最后到全渠道的演变过程，本书研究将单渠道、多渠道、跨渠道模式称为传统渠道模式。研究认为，单渠道模式下农产品供应链整合是指，在农产品"从田间到餐桌"流通的过程中，核心企业与其合作伙伴进行战略协作，并通过单一渠道，将农产品从生产者转移到消费者的过程。单渠道模式下农产品供应链整合的形式主要包括以合作社为核心的整合模式、以加工企业为核心的整合模式、以营销企业为

核心的整合模式、以批发商为核心的整合模式、以大型超市为核心的整合模式。多渠道模式下农产品供应链整合是在单渠道模式下农产品供应链整合基础上，通过线上线下渠道独立完成所有分销功能，来提升供应链整体获利空间。而跨渠道模式下农产品供应链整合是通过线上线下渠道融合，且每条渠道完成部分功能，将农产品从生产者转移到消费者的过程，其本质是在线上线下渠道有机集成的基础上，围绕消费体验和顾客价值所进行的供应链流程和职能整合，体现了以消费者需求为出发点，以跨渠道营销逆向驱动供应链整合的过程。

三种渠道模式下农产品供应链整合均体现的是"外部环境变动"与"供应链变革重构"之间的"客观影响和主动适应"关系。它是供应链系统不断进行自我调整以动态适应外部环境变化过程，也是在特定的供应链发展阶段、技术发展水平、组织资源约束下，各供应链主体基于环境适应性和自身利益最大化所做出的理性选择。其中，单渠道、多渠道模式下农产品供应链整合更加强调产能驱动、推式供应链运作，均围绕核心企业创造价值，注重交付网络构建和市场范围拓展，其供应链形态是串行链式结构，需求响应能力较弱；而跨渠道模式下农产品供应链整合更加强调需求驱动、拉式供应链运作，围绕客户创造价值，注重大数据技术应用和供应链端到端透明，其供应链形态是准并行网状结构，需求响应能力相对较强。

尽管传统渠道模式下农产品供应链整合在主要形式、典型特征、适用条件等方面存在差异，但其在整合过程中也存在一些共同点：一是强调以客户需求为中心；二是相机抉择供应链整合模式；三是重视支撑体系建设；四是注重供应链协同；五是注重核心企业的引领作用。这些一般规律对全渠道模式下农产品供应链整合具有借鉴价值。

（二）关于全渠道模式下农产品供应链整合的运作特点及存在的问题

研究认为，全渠道模式本质在于通过线上线下渠道的融合，快速响应消费需求，且具有客户中心、全渠道协同、大数据驱动的特征。随着全渠道模式的发展，农产品供应链系统呈现出从"产能驱动"向"需求驱动"、从"松散合作"向"集成整合"、从"合作伙伴"向"生态系统"、从"成本中心"向

"利润中心"转变，同时更加重视全渠道能力建设。全渠道模式下农产品供应链整合强调以客户需求为中心、以全渠道能力为支撑、以信息技术为手段的农产品供应链成员间的协调与协作。它本质上体现为以全渠道营销逆向驱动农产品供应链整合的过程。相对于传统供应链整合而言，它注重更快速的需求响应、更广泛的协同整合、更充分的技术运用。全渠道模式下农产品供应链整合的社会价值主要体现在微观层面降低供应链运营成本，提高农民收入；中观层面提升供应链协同效率，支撑农业产业转型升级；宏观层面推动供应链现代化，适应农业高质量发展要求。全渠道模式下农产品供应链整合面临的主要问题是需求响应不足，信息平台建设滞后；成员关系松散，组织化程度较低；供应链协同性差，缺乏全渠道运营能力；信息利用较低，物流追溯能力较弱。因此，推进全渠道模式下农产品供应链整合应结合全渠道模式对供应链的影响，并针对存在的问题，从多个层面对农产品供应链进行深度重构，推动形成快速响应需求的供应链。

（三）关于全渠道模式下农产品供应链整合的理论框架

构建全渠道模式下农产品供应链整合理论框架，探讨整合的驱动因素、过程机理和影响结果，不仅能够为全渠道农产品供应链整合提供理论参考，也能够为农业企业开展全渠道供应链整合实践提供指导。

研究认为，推进全渠道模式下农产品供应链整合应针对存在的问题，并考虑农产品自然属性特征、农产品供应复杂性与农产品供应链整合之间的匹配关系，以消费需求为核心、以全渠道能力为支撑、以信息技术为手段、以打造全渠道供应链生态系统为目标，从组织层面、资源层面、信息层面对农产品供应链进行深度变革与重构，推动形成快速响应的供应链。

全渠道模式下农产品供应链整合是由内外因素共同作用的结果，外部因素表现为消费者购买模式的变化、信息技术发展、农产品市场竞争的加剧和供应链节点间关系的调整推动着传统农产品供应链向全渠道供应链转型，内部因素表现为组织整合、资源整合、信息整合三个层面通过互联、共享、协调，推动供应链自我调整以适应外部环境变化。全渠道模式下农产品供应链整合是供应链系统不断进行自我调整以适应外部环境变化过程，这一过程的核心是围绕供应链价值增值而产生作用，其目标是构建农产品全渠道供应链生态系统。全渠道模式下农产品供应链整合能够提升需求响应水平、提高质量安全绩效和改善公司绩效，但推动全渠道模式下农产品供应链整合需要全渠道能力和现代信息技术的支撑。

（四）关于全渠道模式下农产品供应链整合的效应

全渠道模式下农产品供应链整合效应表现为整合对公司绩效的影响，其作用机理在于通过内部和外部整合能够促进"需求响应水平"和"质量安全绩效"的提高，进而改善公司绩效，但全渠道能力和社会协同监管会对它们之间的关系产生调节作用。实证研究表明，一方面，农产品供应链内部整合对外部整合（供应商整合和客户整合）有积极影响，外部整合对需求响应有积极影响，需求响应对公司绩效也有积极影响，但内部整合和外部整合对公司绩效没有显著影响，需求响应在供应链外部整合与公司绩效之间发挥了完全中介作用，全渠道能力正向调节了外部整合和需求响应之间的关系，即企业全渠道能力越强，外部整合对需求响应的作用就会越强。另一方面，农产品供应链内部质量整合对供应商质量整合和客户质量整合有积极影响，内部质量整合、供应商质量整合和客户质量整合对质量安全绩效进而公司绩效也有积极影响。但相较于内部质量整合和客户质量整合而言，供应商质量整合对农产品质量安全绩效的影响更大。"农产品质量安全绩效"在"供应链质量整合影响公司绩效"的作用机制中发挥了完全中介作用。社会协同监管正向调节了内部质量整合和供应商质量整合对农产品质量安全绩效的影响，即加强社会协同监管，有利于增强内部质量整合和供应商质量整合对农产品质量安全绩效的作用效果。本部分的研究结论既为农业企业开展全渠道模式下农产品供应链整合提供了理论和现实依据，也为全渠道模式下农产品供应链整合的路径选择奠定了基础。

（五）关于全渠道模式下农产品供应链整合的实现路径与保障机制

全渠道模式下农产品供应链整合受制于经济社会发展水平、技术资源约束和政府体制目标的制约，推进全渠道模式下农产品供应链整合必须考虑经济、社会、科技发展的现实，根据自身条件和政府供应链管理体制的政策目标相机抉择，在实践中坚持问题导向原则、效率与效益中心原则、统筹兼顾协调发展原则、顺势而为原则，在路径选择上走内生路径和外引路径相结合的道路。其中，内生路径主要包括打造基于大数据技术的农产品供应链一体化链条，推动农产品全渠道流通的发展，构建模块化供需对接型和需求精准导向型供应链，推动"线上线下一盘货+To B/C 一体化"的农产品供应链创新，推动供应链数字化转型，打造全渠道供应链运营模式，完善小农户嵌入农产品供应链整合的机制。外引路径主要包括完善农产品供应链管理体制、推行供应链链长制，培育壮大农产品供应链核心企业，强化农产品供应链各环节信息化建设，构建农产品供应链质量安全体系，消除农产品供应链要素和市场分割。此外，为确保供应链整合活动的有效进行，还必须建立一套以"需求分析与反馈机制、物流配送与追溯机制、信息共享与治理机制、利益协调与分配机制"为核心的运营保障机制。

（六）关于全渠道模式下农产品供应链整合的对策措施和政策建议

农产品供应链与制造业和服务业供应链不同，它所涉及的范围更广，更具社会性，是处于特定经济、社会、科技环境下的农产品流通子系统。全渠道模式下的农产品供应链整合是一项系统工程，既涉及供应链系统自身的变革，也包括外部环境的变革，因此必须多方施策、整体推进。具体来说，一是培育壮大农产品供应链主体，拓宽农产品销售渠道；二是创新农产品流通方式，打造一体化供应链链条；三是完善农产品供应链信息服务体系，提升信息服务能力；四是加强农产品流通基础设施建设，提高保障水平；五是提高农产品供应链运作的技术水平和标准化程度；六是健全管理制度，进一步完善政策支持。

二、研究不足与研究展望

（一）研究不足

本书在研究开展过程中，可能存在如下需要完善之处：

第一，理论层面。一是农产品涵括的产品种类较多，而各个产品市场本身又存在较大差异性，因此归纳各种农产品供应链整合模式，并进行异质性比较，研究工作既繁杂又难统一，需要进一步深入。二是本书主要站在加工企业角度来研究全渠道供应链整合，缺乏从零售商或电商企业视角的研究，特别是没有很好地将"零售制造商"供应链整合思路引入本书的研究中，需要进一步完善。

第二，实证层面。一是目前的调查对象仅仅是农产品加工企业，这在一定程度上降低了样本的多样性，未来的研究可考虑从供应商或客户方面收集数据，并进行对比分析，进一步检验模型的效力。二是绩效指标可能不仅包括市场和财务绩效，还包括服务绩效、柔性绩效等，这需要在未来研究中进一步细化。三是本书检验了全渠道能力和社会协同监管的调节作用，还可能存在其他变量并未考察，未来可考虑将其他变量引入模型，分析其调节效应。四是对供应商质量整合和质量安全绩效的关系，还需进一步检验，以确定它们之间是否存在倒 U 形关系。

（二）研究展望

梳理整个研究过程，我们初步提出如下研究展望：一是对小农户参与的农产品供应链整合模式加以更多考察，尤其是涉及联结众多小农户的新型农民经济合作组织的整合模式，这对于乡村振兴背景下的农业农村发展将具有更多现实价值。二是可以借鉴供应链风险管理理论，分析供应链风险对全渠道供应链整合的影响，提出农产品供应链整合对策，这有利于应对疫情冲击给农产品供应链带来的严峻挑战。三是值得进一步深入研究社会惯例、心理预期及数字化能力在全渠道农产品供应链整合模式的形成、发展过程中的作用机制，而这一点正是农业产业链高度专业化分工和大范围密切协作的一个关键所在。

参考文献

［1］Agrawal P，Narain R，Ullah I. Analysis of Barriers in Implementation of Digital Transformation of Supply Chain Using Interpretive Structural Modelling Approach ［J］. Journal of Modelling in Management，2019，15（1）：297-317.

［2］Agus A，Kumar K S，Kadir S L S A. The Structural Impact of Total Quality Management on Financial Performance Relative to Competitors through Customer Satisfaction：A Study of Malaysian Manufacturing Companies ［J］. Total Quality Management & Business Excellence，2000，11：808-819.

［3］Akmal S，Sinulingga S，Napitupulu H，et al. Development of Integration Model of Supply Chain Management and Total Quality Management on Company Performance with Competitive Advantage as Intervening Variable ［J］. Journal of Physics Conference Series，2018，1116（2）：1-8.

［4］Akturk M S，Ketzenberg M，Heim G R. Assessing Impacts of Introducing Ship-to-store Service on Sales and Returns in Omni-channel Retailing：A Data Analytics Study ［J］. Journal of Operations Management，2018，61：15-45.

［5］Ali M H，Zhan Y，Alam S S，et al. Food Supply Chain Integrity：The Need to Go beyond Certification ［J］. Industrial Management & Data Systems，2017，117（8）：1589-1611.

［6］Arda O A，Bayraktar E，Tatoglu E. How do Integrated Quality and Environmental Management Practices Affect Firm Performance？Mediating Roles of Quality Performance and Environmental Proactivity ［J］. Business Strategy and the Environment, 2019, 28 (1): 64-78.

[7] Aruoma O I. The Impact of Food Regulation on the Food Supply Chain [J]. Toxicology, 2006, 221 (1): 119-127.

[8] Bahlmann J, Spiller A. The Relationship between Supply Chain Coordination and Quality Assurance Systems: A Case Study Approach on the German Meat Sector [C]. 110th Seminar, 2008, European Association of Agricultural Economists (EAAE).

[9] Barney J B. Purchasing, Supply Chain Management and Sustained Competitive Advantage: The Relevance of Resource-based Theory [J]. Journal of Supply Chain Management, 2012, 48 (2): 3-6.

[10] Bollen K A. Structural Equations with Latent Variables [M]. New York: John Wiley & Sons, Inc., 1989.

[11] Burdin T. Omni-channel Retailing: The Brick, Click and Mobile Revolution [EB/OL]. [2013-01-05]. http://www.cegid.com/retail.

[12] Büyüközkan G, Göçer F. Digital Supply Chain: Literature Review and a Proposed Framework for Future Research [J]. Computers in Industry, 2018, 97: 157-177.

[13] Cao L, Li L. The Impact of Cross-channel Integration on Retailers' Sales Growth [J]. Journal of Retailing, 2015, 91 (2): 198-216.

[14] Chang W, Ellinger A E, Kim K (Kate), et al. Supply Chain Integration and Firm Financial Performance: A Meta-analysis of Positional Advantage Mediation and Moderating Factors [J]. European Management Journal, 2016, 34 (3): 282-295.

[15] Chen I J, Paulraj A. Towards a Theory of Supply Chain Management: The Constructs and Measurements [J]. Journal of Operations Management, 2004, 22 (2): 119-150.

[16] Chen K, Wang X, Song H. Food Safety Regulatory Systems in Europe and China: A Study of How Co-regulation Can Improve Regulatory Effectiveness [J]. Journal of Integrative Agriculture, 2015, 14 (11): 2203-2217.

［17］Cichosz M, Wallenburg C M, Knemeyer A M. Digital Transformation at Logistics Service Providers: Barriers, Success Factors and Leading Practices ［J］. The International Journal of Logistics Management, 2020, 31 (2): 209-238.

［18］Cousins P D, Menguc B. The Implications of Socialization and Integration in Supply Chain Management ［J］. Journal of Operations Management, 2006, 24 (5): 604-620.

［19］Crian E. A Separation between Supply Chain Management and Supply Chain Governance ［J］. Revista De Management Comparat International Review of International Comparative Management, 2016, 17 (3): 240-249.

［20］Daft R L, Lengel R H. A Proposed Integration among Organizational Information Requirements, Media Richness and Structural Design ［J］. Management Science, 1986 (32): 554-671.

［21］Das A, Narasimhan R, Talluri S. Supplier Integration-Finding an Optimal Configuration ［J］. Journal of Operations Management, 2006, 24 (5): 563-582.

［22］Den Ouden M, Dijkhuizen A A, Huirne R B M, et al. Vertical Cooperation in Agricultural Production-marketing Chains, with Special Reference to Product Differentiation in Pork ［J］. Agribusiness, 1996, 12 (3): 277-290.

［23］Devaraj S, Krajewski L, Wei J C. Impact of EBusiness Technologies on Operational Performance: The Role of Production Information Integration in the Supply Chain ［J］. Journal of Operations Management, 2007, 25 (6): 1199-1216.

［24］Downey W D. The Challenges of Food and Agriproduct Supply Chains ［C］. Proceedings of the 2nd International Conference on Chain Management in Agribusiness and the Food Industry. Wagenlngen Agrlcultural University, The Netherlands, May, 1996: 3-13.

［25］Eksoz C, Mansouri S A, Bourlakis M, et al. Judgmental Adjustments through Supply Integration for Strategic Partnerships in Food Chains ［J］. Omega, 2019, 87: 20-33.

［26］Flynn B B, Huo B, Zhao X. The Impact of Supply Chain Integration on

Performance: A Contingency And Configuration Approach [J]. Journal of Operations Management, 2010, 28 (1), 58-71.

[27] Folkerts H, Koehorst H. Challenges in International Food Supply Chains: Vertical Co-ordination in the European Agribusiness and Food Industries [J]. Supply Chain Management: An International Journal, 1997, 2 (1): 11-14.

[28] Fornell C, Larcker D F. Evaluating Structural Equation Models with Unobservable Variables and Measurement Error [J]. Journal of Marketing Research, 1981, 18 (1): 39-50.

[29] Frohlich M T, Westbrook R. Arcs of Integration: An International Study of Supply Chain Strategies [J]. Journal of Operations Management, 2001, 19 (2): 185-200.

[30] Grant R M. Prospering in Dynamically-competitive Environments: Organizational Capability as Knowledge Integration [J]. Organization Science, 1996, 7 (4): 375-387.

[31] Grunert K G. Food Quality and Safety: Consumer Perception and Demand [J]. European Review of Agricultural Economics, 2005, 32 (3): 369-391.

[32] Gunningham N, Rees J. Industry Self-Regulation: An Institutional Perspective [J]. Law & Policy, 1997, 19 (4): 363-414.

[33] Hair Jr J F, Anderson R E, Tatham R L. Multivariate Data Analysis [M]. Upper Saddle River, NJ: Prentice Hall. Inc, 1998.

[34] Hayes A F. Introduction to Mediation, Moderation, and Conditional Process Analysis: A Regression-based Approach [M]. New York: The Guilford Press, 2013.

[35] Hobbs J E, Young L M. Closer Vertical Co-ordination in Agri-food Supply Chains: A Conceptual Framework and Some Preliminary Evidence [J]. Supply Chain Management: An International Journal, 2000, 5 (3): 131-143.

[36] Hong J, Zhou Z, Li X, et al. Supply Chain Quality Management and Firm Performance in China's Food Industry: The Moderating Role of Social Co-regulation [J]. International Journal of Logistics Management, 2020, 31 (1):

99-122.

[37] Horn P, Schefflfler P, Schiele H. Internal Integration as a Precondition for External Integration in Global Sourcing: A Social Capital Perspective [J]. International Journal of Production Economics, 2014, 153: 54-65.

[38] Huo B, Ye Y, Zhao X, et al. Supply Chain Quality Integration: A Taxonomy Perspective [J]. International Journal of Production Economics, 2016, 207: 236-246.

[39] Huo B, Zhao X, Lai F. Supply Chain Quality Integration: Antecedents and Consequences [J]. IEEE Transactions on Engineering Management, 2014, 61 (1): 38-51.

[40] Huo B. The Impact of Supply Chain Integration on Company Performance: An Organizational Capability Perspective [J]. Supply Chain Management: An International Journal, 2012, 17 (6), 596-610.

[41] Hussain A, Pu H, Sun D W. Measurements of Lycopene Contents in Fruit: A Review of Recent Sevelopments in Xonventional and Novel Techniques [J]. Critical Reviews in Food Science & Nutrition, 2019, 59 (5): 758-769.

[42] Irfan M, Wang M. Data-driven Capabilities, Supply Chain Integration and Competitive Performance: Evidence from the Food and Beverages Industry in Pakistan [J]. British Food Journal, 2019, 121 (11): 2708-2729.

[43] Işık Özge Yumurtacı Hüseyinoğlu, Metehan F S, Gülmüş B. Revealing the Impact of Operational Logistics Service Quality on Omni-channel Capability [J]. Asia Pacific Journal of Marketing and Logistics, 2018, 30 (5): 1200-1221.

[44] Jiang M, Yang L, Zhao X. Research on Risk Management of Fresh Agricultural Products Supply Chain Based on Fuzzy Analytic Hierarchy Process [J]. International Journal of Asian Social Science, 2019, 9 (10): 516-524.

[45] Ken M, Selepe P. Supply Chain Collaboration and Integration Enhance the Response of Fast-moving Consumer Goods Manufacturers and Retailers to Customer's Requirements [J]. South African Journal of Business Management, 2018, 49 (1): 1-8.

［46］ Kline R B. Software Review: Software Programs for Structural Equation Modeling: Amos, EQS, and LISREL ［J］. Journal of Psychoeducational Assessment, 1998, 16 (4): 343-364.

［47］ Lakhal L, Pasin F. The Direct and Indirect Impact of Product Quality on Financial Performance: A Causal Model ［J］. Total Quality Management and Business Excellence, 2008, 19 (10): 1087-1099.

［48］ Lee H, Kim K. Investigating Dimensionality of Multichannel Retailer's Cross-Channel Integration Practices and Effectiveness: Shopping Orientation and Loyalty Intention ［J］. Journal of Marketing Channels, 2010, 17 (4): 281-312.

［49］ Li S, Ragu-Nathan B, Ragu-Nathan T S, et al. The Impact of Supply Chain Management Practices on Competitive Advantage and Organizational Performance ［J］. Omega, 2006, 34 (2): 107-124.

［50］ Lorenzoni G, Lipparini A. The Leveraging of Interfirm Relationships as a Distinctive Organizational Capability: A Longitudinal Study ［J］. Strategic Management Journal, 1999, 20 (4): 317-338.

［51］ MacCallum R C, Browne M W, Sugawara H M. Power Analysis and Determination of Sample Size for Covariance Structure Modeling ［J］. Psychological Methods, 1996, 1 (2): 130-149.

［52］ Mackelprang A W, Robinson J L, Bernardes E, et al. The Relationship between Strategic Supply Chain Integration and Performance: A Meta-Analytic Evaluation and Implications for Supply Chain Management Research ［J］. Journal of Business Logistics, 2014, 35 (1): 71-96.

［53］ Mighell R L, Jones L A. Vertical Coordination in Agriculture ［R］. Agricultural Economic Reports 307164, United States Department of Agriculture, Economic Research Service, 1963.

［54］ Narasimhan R, Kim S W. Effect of Supply Chain Integration on the Relationship between Diversification and Performance: Evidence from Japanese and Korean firms ［J］. Journal of Operations Management, 2002, 20, (3): 303-323.

［55］ Narasimhan R, Swink M, Viswanathan S. On Decisions for Integration

Implementation: An Examination of Complementarities between Product – process Technology Integration and Supply Chain Integration [J]. Decision Sciences, 2010, 41 (2): 355-372.

[56] Oliver R K, Webber M D. Supply – Chain Management: Logistics Catches up with Strategy [M]. London: Chapman & Hall, 1982.

[57] Peng D X, Verghese A, Shah R, Schroeder R G. The Relationships between External Integration and Plant Improvement and Innovation Capabilities: The Moderation Effect of Product Clockspeed [J]. Journal of Supply Chain Management, 2013, 49 (3): 3-24.

[58] Picot-Coupey K, Hure E, Piveteau L. Channel Design to Enrich Customers' Shopping Experiences: Synchronizing Clicks with Bricks in an Omni-channel Perspective-the Direct Optic case [J]. International Journal of Retail and Distribution Management, 2016, 44 (3): 336-368.

[59] Podsakoff P M, MacKenzie S B, Lee J –Y, et al. Common Method Biases in Behavioral Research: A Critical Review of the Literature and Recommended Remedies [J]. Journal of Applied Psychology, 2003, 88 (5): 879-903.

[60] Podsakoff P M, Mackenzie S B, Podsakoff N P. Sources of Method Bias in Social Science Research and Recommendations on How to Control It [J]. The Annual Review of Psychology, 2012, 63: 539-569.

[61] Prajogo D, Olhage R J. Supply Chain Integration and Performance: The Effects of Long-Term Relationship, Information Technology and Sharing, and Logistics Integration [J]. International Journal of Production Economics, 2012, 135 (1): 514-522.

[62] Quang H T, Sampaio M S C, Sampaio P, et al. An Extensive Structural Model of Supply Chain Quality Management and Firm Performance [J]. International Journal of Quality & Reliability Management, 2016, 33 (4): 444-464.

[63] Ralston P M, Blackhurst J, Cantor D E, et al. A Structure-conduct-performance Perspective of How Strategic Supply Chain Integration Affects Firm Performance [J]. Journal of Supply Chain Management, 2015, 51 (2): 47-64.

[64] Ramirez M J, Roman I E, Ramos E, et al. The Value of Supply Chain Integration in the Latin American Agri-food Industry: Trust, Commitment and Performance Outcomes [J]. The International Journal of Logistics Management, 2021, 32 (1): 283-301.

[65] Rigby D. The Future of Shopping [J]. Harvard Business Review, 2011, 89 (12): 4-12.

[66] Robinson C J, Malhotra M K. Defining the Concept of Supply Chain Quality Management and Its Relevance to Academic and Industrial Practice [J]. International Journal of Production Economics, 2005, 96 (3): 315-337.

[67] Rouvière E, Caswell J A. From Punishment to Prevention: A French Case Study of the Introduction of Co-regulation in Enforcing Food Safety [J]. Food Policy, 2012, 37 (3): 246-254.

[68] Sande J B, Ghosh M. Endogeneity in Survey Research [J]. International Journal of Research in Marketing, 2018, 35 (2): 185-204.

[69] Seyedghorban Z, Tahernejad H, Meriton R, et al. Supply Chain Digitalization: Past, Present and Future [J]. Production Planning & Control, 2020, 31: 96-114.

[70] Siddh M M, Soni G, Jain R, et al. Structural Model of Perishable Food Supply Chain Quality (PFSCQ) to Improve Sustainable Organizational Performance [J]. Benchmarking: An International Journal, 2018, 25 (7): 2272-2317.

[71] Song H, Turson R, Ganguly A, et al. Evaluating the Effects of Supply Chain Quality Management on Food Firms' Performance [J]. International Journal of Operations & Production Management, 2017, 37 (10): 1541-1562.

[72] Stritto G D, Schiraldi M. A Strategy Oriented Framework for Food and Beverage E-supply Chain Management [J]. International Journal of Engineering Business Management, 2013, 5 (50): 1-12.

[73] Sukati I. Competitive Advantage Through Supply Chain Responsiveness and Supply Chain Integration [J]. International Journal of Business and Commerce, 2012, 1 (7): 1-11.

［74］Tajri H，Chafi A. Digital Transformation in Supply Chain：Supply Chain Urbanization Model Applied to "Order to Cash" Cycle ［J］. International Journal of Engineering Research in Africa，2019，45（2）：171-191.

［75］Truong H Q，Sameiro M，Fernandes A C，et al. Supply Chain Management Practices and Firms' Operational Performance ［J］. International Journal of Quality and Reliability Management，2017，34（2）：176-193.

［76］Tse Y K，Matthews R L，Hua T K，et al. Unlocking Supply Chain Disruption Risk within the Thai Beverage Industry ［J］. Industrial Management & Data Systems，2016，116（1）：21-42.

［77］Tsolakis N K，Keramydas C A，Toka A K，et al. Agrifood Supply Chain Management：A Comprehensive Hierarchical Decision – making Framework and a Critical Taxonomy ［J］. Biosystems Engineering，2014，120（120）：47-64.

［78］Verhoef P，Kannan P，Inman J. From Multi-channel Retailing to Omni-channel Retailing. Introduction to the Special Issue on Multi-channel Retailing ［J］. Journal of Retailing，2015，91（2）：174-181.

［79］Vial G. Understanding Digital Transformation：A Review and a Research Agenda ［J］. The Journal of Strategic Information Systems，2019，28：118-144.

［80］Wade M，Hulland J. Review：The Resource-based Review View and Information Systems Research：Review，Extension，and Suggestions for Future Research ［J］. MIS Quarterly，2004，28（1）：107-142.

［81］Yamin S，Gunasekaran A，Mavondo F T. Relationship between Generic Strategies，Competitive Advantage and Organizational Performance：An Empirical Analysis ［J］. Technovation，1999，19：507-518.

［82］Yang M，Fu M，Zhang Z. The Adoption of Digital Technologies in Supply Chains：Drivers，Process and Impact ［J］. Technological Forecasting and Social Change，2021，169（4-5）.

［83］Yu W，Chavez R，Jacobs M，et al. Environmental Scanning，Supply Chain Integration，Responsiveness，and Operational Performance：An Integrative Framework from an Organizational Information Processing Theory Perspective ［J］.

International Journal of Operations & Production Management, 2019, 39 (5): 787-814.

[84] Yu W, Jacobs M A, Salisbury W D, et al. The Effects of Supply Chain Integration on Customer Satisfaction and Financial Performance: An Organizational Learning Perspective [J]. International Journal of Production Economics, 2013, 146 (1): 346-358.

[85] Yu W, Jacobs M, Chavez R, et al. The Impacts of IT Capability and Marketing Capability on Supply Chain Integration: A Resource-based Perspective [J]. International Journal of Production Research, 2017, 55 (14): 4196-4211.

[86] Yu Y, Huo B. Supply Chain Quality Integration: Relational Antecedents and Operational Consequences [J]. Supply Chain Management: An International Journal, 2018, 23 (3): 188-206.

[87] Yu Y, Zhang M, Huo B. The Impact of Supply Chain Quality Integration on Green Supply Chain Management and Environmental Performance [J]. Total Quality Management & Business Excellence, 2017, 30 (9-10): 1110-1125.

[88] Yumurtaci Hüseyinoğlu I Ö, Sorkun M F, Börühan G. Revealing the Impact of Operational Logistics Service Quality on Omni-channel Capability [J]. Asia Pacific Journal of Marketing and Logistics, 2018, 30 (5): 1200-1221.

[89] Zeng J, Phan C A, Matsui Y. Supply Chain Quality Management Practices and Performance: An Empirical Study [J]. Operations Management Research, 2013, 6 (1-2): 19-31.

[90] Zhang H, Okoroafo S C. Third-Party Logistics (3PL) and Supply Chain Performance in the Chinese Market: A Conceptual Framework [J]. Engineering Management Research, 2015, 4 (1): 38-48.

[91] Zhang S, Lee C K M, Wu K, et al. Multi-objective Optimization for Sustainable Supply Chain Network Design Considering Multiple Distribution Channels [J]. Expert Systems with Applications, 2016, 65: 87-99.

[92] Zhang Y, Hong J, Li X, et al. The Impacts of Quality System Integration and Relationship Quality on Quality Performance in Supply Chains: An Empiri-

cal Investigation in China［J］. Emerging Markets Finance and Trade，2019（7）：1-18.

［93］Zhao G，Feng T，Wang D. Is More Supply Chain Integration always Beneficial to Financial Performance？［J］. Industrial Marketing Management，2015，45（1）：162-172.

［94］Zhao X，Huo B，Selen W，et al. The Impact of Internal Integration and Relationship Commitment on External Integration［J］. Journal of Operations Management，2011，29（1-2）：17-32.

［95］Zhong R Y，Xu X，Wang L. Food Supply Chain Management：Systems，Implementations，and Future Research［J］. Industrial Management & Data Systems，2017，117（9）：2085-2114.

［96］白世贞，黄绍娟. 数字经济赋能农产品供应链管理转型升级［J］. 商业经济研究，2021（19）：137-140.

［97］曹永辉. 供应链协同对运营绩效的影响［J］. 中国流通经济，2013（3）：44-50.

［98］陈剑，刘运辉. 数智化使能运营管理变革：从供应链到供应链生态系统［J］. 管理世界，2021（11）：227-240+14.

［99］陈威如，王节祥. 依附式升级：平台生态系统中参与者的数字化转型战略［J］. 管理世界，2021（10）：195-214.

［100］陈夕. 大数据驱动全渠道供应链服务模式创新探讨［J］. 商业经济研究，2017（11）：61-63.

［101］陈向军，冷凯君，杨申燕，等. 湖北现代物流业跨越式发展的路径选择及对策研究［J］. 理论月刊，2012（4）：108-112.

［102］陈占民. 农产品供应链信息整合研究［D］. 石家庄：河北经贸大学，2015.

［103］陈致远. 双循环背景下流通供应链模式数字化创新机制分析［J］. 商业经济研究，2021（17）：13-17.

［104］崔兴文，史亚莉. 实体零售商跨渠道整合的演进过程研究［J］. 软科学，2020（12）：134-139.

［105］丁静，王苗苗．生鲜农产品全渠道供应链模式与实现路径［J］．安徽农业大学学报（社会科学版），2021（2）：53-59．

［106］丁俊发．建国70年"三农"与农产品流通的艰难探索［J］．全球化，2019（10）：16-27．

［107］丁丽芳．农产品供应链［M］．北京：中国林业出版社，2013．

［108］丁智多，吴兆喆．基于全渠道购物场景下零售商超供应链的协调研究［J］．物流工程与管理，2020（6）：87-89．

［109］杜鹏，周语嫣，徐津．新零售背景下全渠道供应链整合实现路径［J］．商业经济研究，2019（11）：20-23．

［110］顿妍妍，杨晓艳．供应链外部整合与运营绩效的关系——信息质量的中介作用［J］．企业经济，2017（4）：112-117．

［111］符少玲．农产品供应链整合与质量绩效［J］．华南农业大学学报（社会科学版），2016（3）：10-18．

［112］高亮，郭杰群．突发公共事件与企业供应链韧性的提升［J］．审计观察，2020（3）：30-37．

［113］高凛．我国食品安全社会共治的困境与对策［J］．法学论坛，2019（5）：96-104．

［114］耿宁，李秉龙．产业链整合视角下的农产品质量激励：技术路径与机制设计［J］．农业经济问题，2014（9）：19-27．

［115］郭静安．新零售模式下供应链整合与创新机制研究［J］．商业经济研究，2021（7）：22-26．

［116］韩啸，何枫．农产品封闭供应链运作模式对供应链绩效的影响——以256家农业龙头企业为例［J］．财经科学，2014（11）：92-101．

［117］韩艳旗，赵晓飞．农产品供应链质量整合对农业企业财务绩效的影响研究［J］．商业经济与管理，2021（12）：5-18．

［118］何国平．走向市场：农业流通领域合作组织的理论与实践［M］．北京：中国经济出版社，2007．

［119］何亚莉，杨肃昌．"双循环"场景下农业产业链韧性锻铸研究［J］．农业经济问题，2021（10）：78-89．

［120］洪涛，李瑞，洪勇．数字农产品"拉式供应链"模式研究［J］．农业大数据学报，2020（3）：21-30.

［121］胡梦云．基于供应链管理的农产品流通渠道中节点间关系研究［D］．长春：长春理工大学，2018.

［122］黄漫宇，李圆颖．零售企业全渠道发展水平对经营效率的影响路径及效应研究［J］．北京工商大学学报（社会科学版），2017（6）：35-44.

［123］黄泰岩，片飞．习近平关于产业链供应链现代化理论的逻辑体系［J］．经济学家，2022（5）：5-13.

［124］黄信恒．全渠道模式下零售企业供应链的优化探究［J］．商业时代，2020（5）：101-103.

［125］霍宝锋，曹智，李丝雨，等．供应链内部整合与外部整合的匹配研究［J］．系统工程理论与实践，2016（2）：363-373.

［126］吉峰，贾学迪，林婷婷．制造企业数字化能力的概念及其结构维度——基于扎根理论的探索性研究［J］．中国矿业大学学报（社会科学版），2022，24（5）：151-166.

［127］计国君，余木红，Kim Hua Tan．大数据驱动下的全渠道供应链服务创新决策框架［J］．商业研究，2016（8）：152-162.

［128］纪良纲，刘东英，等．农产品供应链整合研究［M］．北京：人民出版社，2016.

［129］纪良纲，刘东英，郭娜．农产品供应链整合的困境与突破［J］．北京工商大学学报（社会科学版），2015（1）：16-22.

［130］姜盼，杨曼，闫秀霞．以生产企业为核心的食品供应链风险评价研究［J］．数学的实践与认识，2019（8）：1-8.

［131］焦勇，刘忠诚．数字经济赋能智能制造新模式——从规模化生产、个性化定制到适度规模定制的革新［J］．贵州社会科学，2020（11）：148-154.

［132］柯春媛．传统零售企业发展战略转型与路径选择［J］．商业经济研究，2019（11）：116-119.

［133］李勃，李随成．制造企业供应商整合对供应商创新性影响研究

［J］．科技进步与对策，2015（4）：77-84.

［134］李崇光，赵晓飞，孙剑，等．中国农产品流通现代化研究［M］．北京：学习出版社，2016.

［135］李飞．全渠道零售的含义、成因及对策——再论迎接中国多渠道零售革命风暴［J］．北京工商大学学报（社会科学版），2013（2）：1-11.

［136］李凤廷，侯云先．粮食供应链整合研究——基于链内、链间交互整合的概念框架［J］．商业经济与管理，2014（1）：5-12.

［137］李干琼，李欣，赵龙华，等．农业供应链管理研究进展综述及展望［J］．农业大数据学报，2020（3）：3-12+2.

［138］李季芳，冷霄汉．基于节点关系视角的我国农产品供应链研究［J］．吉林大学社会科学学报，2016（1）：45-53+188.

［139］李蕾．农产品电子商务能力、组织敏捷性与企业绩效的关系研究［D］．华南农业大学，2018.

［140］李维安，李勇建，石丹．供应链治理理论研究：概念、内涵与规范性分析框架［J］．南开管理评论，2016（1）：4-15.

［141］李晓雪，路红艳，林梦．零售业数字化转型机理研究［J］．中国流通经济，2020（4）：32-40.

［142］林家宝，李蕾，李婷．农产品电子商务能力对企业绩效的影响研究［J］．管理学报，2018（4）：608-615.

［143］林家宝，李婷，李蕾．企业农产品电子商务能力测度的实证研究［J］．华中农业大学学报（社会科学版），2018（5）：76-85.

［144］林家宝，李婷，鲁耀斌．环境不确定性下农产品电子商务能力对企业绩效影响的实证研究［J］．商业经济与管理，2018（9）：64-75.

［145］刘宝红，赵玲．供应链的三道防线：需求预测、库存计划、供应链执行［M］．北京：机械工业出版社，2018.

［146］刘东英．系统协同视角下农产品供应链整合的瓶颈［J］．商业经济研究，2015（21）：19-21.

［147］刘刚．服务主导逻辑下的农产品电商供应链模式创新研究［J］．商业经济与管理，2019（2）：5-11.

［148］刘刚．乡村振兴背景下的农产品供应链创新研究［M］．北京：经济科学出版社，2019.

［149］刘华明，王勇．供应链伙伴关系对客户整合的影响——基于物流能力视角的实证研究［J］．商业经济与管理，2016（9）：14-21+29.

［150］刘瑞涵．供应链整合运作模式探析——以农产品供应链为例［J］．市场营销导刊，2009（5）：19-23.

［151］刘向东，何明钦，米壮．全渠道零售系统：基于中国的实践［J］．北京工商大学学报（社会科学版），2021，36（3）：1-13.

［152］刘振滨，刘东英．共享资源视域下的农产品供应链整合研究［J］．农村经济，2015（1）：44-48.

［153］刘振中．我国供应链发展的现状与问题［J］．宏观经济管理，2019（5）：63-70.

［154］刘志彪，孔令池．双循环格局下的链长制：地方主导型产业政策的新形态和功能探索［J］．山东大学学报（哲学社会科学版），2021（1）：110-118.

［155］卢小平．双循环背景下小农户嵌入农产品供应链问题与对策［J］．中国特色社会主义研究，2021（6）：55-62.

［156］麦肯锡咨询公司（McKinsey & Company）．如何应对疫情下的供应链挑战：以科技行业为例［R/OL］．［2020-04-22］．https：//www.mckinsey.com/capabilities/risk-and-resilience/our-insights/covid-19-implications-for-business.

［157］孟天广，张小劲．大数据驱动与政府治理能力提升——理论框架与模式创新［J］．北京航空航天大学学报（社会科学版），2018（1）：18-25.

［158］闵惜琳，杨帆捷，蔡煌，等．基于企业社会资本视角的供应链整合决策选择机理仿真［J］．系统工程，2019（5）：87-98.

［159］戚聿东，肖旭．数字经济时代的企业管理变革［J］．管理世界，2020（6）：135-152+250.

［160］齐严．全渠道零售背景下供应链整合对企业绩效的影响［J］．中国流通经济，2021（10）：39-54.

［161］秦姝姝．JS 公司社交媒体营销策略研究——以微信为例［D］．南京：南京理工大学，2018.

［162］邱洪全．生鲜农产品双渠道供应链协同创新对物流服务绩效的影响［J］．中国流通经济，2017（9）：22-30.

［163］任芳．全渠道下逆向物流的应对策略［J］．物流技术与应用，2016（9）：68-71.

［164］申强，董磊，庞昌伟，等．基于"互联网+"农产品供应链质量监管体系研究［J］．农业现代化研究，2017（2）：219-225.

［165］沈朴学．浅谈基于大数据全渠道商业模式下的供应链优化策略［J］．商场现代化，2019（10）：25-26.

［166］宋光，王妍，宋少华，等．全渠道零售策略下的供应链整合与企业绩效关系研究［J］．管理评论，2019（6）：238-246.

［167］宋华．新冠肺炎疫情对供应链弹性管理的启示［J］．中国流通经济，2020（3）：11-16.

［168］孙红霞，赵予新．基于危机应对的我国跨国粮食供应链优化研究［J］．经济学家，2020（12）：107-115.

［169］孙永波，杨清桃．连锁超市全渠道零售模式现状及其对策［J］．企业经济，2016（6）：118-122.

［170］佟伟．大数据时代背景下农产品营销模式与创新策略［J］．农业经济，2019（6）：138-140.

［171］汪普庆，周德翼，吕志轩．农产品供应链的组织模式与食品安全［J］．农业经济问题，2009（3）：8-12.

［172］汪旭晖，张其林．多渠道零售商线上线下营销协同研究——以苏宁为例［J］．商业经济与管理，2013（9）：37-47.

［173］王杜春．发展营销型农业企业是构建农产品现代流通体系的关键环节［J］．商业研究，2007（7）：133-135.

［174］王慧颖，文风．基于全渠道的服装供应链整合机理与路径研究——以拉夏贝尔为例［J］．物流技术，2017（7）：135-140+172.

［175］王剑．零售企业的全渠道演变及供应链优化研究［J］．商业经济

研究，2018（4）：93-95.

[176] 王静. 数字化供应链转型升级模式及全链路优化机制研究 [J].
经济学家，2022（9）：59-68.

[177] 王鹏飞，陈春霞，黄漫宇. "农餐对接"流通模式：发展动因及其
推广 [J]. 理论探索，2013（1）：56-59+64.

[178] 王文京，陈强兵，谢志华. 企业数字化：目标、路径与实践 [M].
北京：中信出版社，2019.

[179] 王勇，邓旭东. 基于因子分析的农产品供应链绩效评价实证 [J].
中国流通经济，2015（3）：10-16.

[180] 王宇，李海洋. 管理学研究中的内生性问题及修正方法 [J]. 管
理学季刊，2017（3）：20-47+170-171.

[181] 温忠麟，黄彬彬，汤丹丹. 问卷数据建模前传 [J]. 心理科学，
2018（1）：204-210.

[182] 吴群. "新零售"供应链生态圈的建构逻辑及协同智慧研究 [J].
江西财经大学学报，2021（5）：37-46.

[183] 吴挺. 全渠道营销的供应链整合发展研究 [J]. 商业经济研究，
2021（17）：72-74.

[184] 吴瑶，肖静华，谢康，等. 从价值提供到价值共创的营销转
型——企业与消费者协同演化视角的双案例研究 [J]. 管理世界，2017（4）：
138-157.

[185] 伍梅，陈洁莲. 广西高层次创新型科技人才政策问题与对策 [J].
科技管理研究，2011（6）：23-26.

[186] 夏显力，陈哲，张慧利，等. 农业高质量发展：数字赋能与实现
路径 [J]. 中国农村经济，2019（12）：2-15.

[187] 夏英，宋伯生. 食品安全保障：从质量标准体系到供应链综合管
理 [J]. 农业经济问题，2001（11）：59-62.

[188] 肖红波. 基于数字化转型的农产品流通模式创新研究 [J]. 商业
经济研究，2021（12）：40-42.

[189] 谢康，刘意，赵信. 媒体参与食品安全社会共治的条件与策略

［J］．管理评论，2017（5）：192-204.

［190］谢莉娟．互联网时代的流通组织重构——供应链逆向整合视角［J］．中国工业经济，2015（4）：44-56.

［191］徐广姝，张海芳．"新零售"时代连锁超市发展生鲜宅配的策略——基于供应链逆向整合视角［J］．企业经济，2017（8）：155-162.

［192］徐静，姚冠新，周正嵩，等．质量承诺对农产品供应链企业财务绩效影响的实证研究［J］．工业工程与管理，2015（4）：123-129.

［193］闫星宇．零售制造商的模块化供应链网络［J］．中国工业经济，2011（11）：139-147.

［194］杨艳玲，田宇．供应链管理实践、供应链敏捷性对企业绩效的影响研究［J］．商业经济与管理，2015（9）：13-19.

［195］叶慧．线上线下双渠道供应链整合研究［D］．武汉：武汉理工大学，2016.

［196］易加斌，李霄，杨小平，等．创新生态系统理论视角下的农业数字化转型：驱动因素、战略框架与实施路径［J］．农业经济问题，2021（7）：101-116.

［197］于亢亢，宋华，钱程．不同环境下的供应链运作柔性的绩效研究［J］．管理科学，2014（1）：43-54.

［198］于亢亢．农产品供应链信息整合与质量认证的关系：纵向一体化的中介作用和环境不确定性的调节作用［J］．南开管理评论，2020（1）：87-97.

［199］张广玲，刘晨晨，王辉，等．制度压力与跨渠道整合程度关系研究：企业能力的调节作用［J］．营销科学学报，2017（2）：107-127.

［200］张建军，赵启兰．面向新零售的全渠道供应链整合与优化——基于服务主导逻辑视角［J］．当代经济管理，2019（4）：23-29.

［201］张建军，赵益平，杨艳玲．基于可视化供应链的农产品应急物流体系构建［J］．物流技术，2013（13）：385-388+415.

［202］张青．现实约束条件下农产品供应链的整合与创新［J］．商业经济研究，2017（23）：116-118.

[203] 张素勤. 农产品供应链"四流"的创新与整合——基于云服务平台的农产品供应链新模式 [J]. 商业经济研究, 2016 (5): 145-147.

[204] 张文. 2014 年全渠道模式下的供应链整合与变革趋势 [N]. 现代物流报, 2014-02-16 (A12).

[205] 张喜才. 农产品供应链安全风险及应对机制研究 [J]. 农业经济问题, 2022 (2): 97-107.

[206] 张旭梅, 梁晓云, 但斌. 考虑消费者便利性的"互联网+"生鲜农产品供应链 O2O 商业模式 [J]. 当代经济管理, 2018 (1): 21-27.

[207] 张璇, 赵军. 跨组织协作、供应链电子化整合能力与供应链绩效——需求不确定性和组织内部信息技术的调节效应 [J]. 商业经济与管理, 2019 (8): 5-19.

[208] 张子健, 薛传利. 全渠道模式下零售企业供应链的优化研究 [J]. 工业经济论坛, 2016 (4): 468-476.

[209] 赵晓飞, 付中麒. 大数据背景下我国农产品流通渠道变革实现路径与保障机制 [J]. 中国流通经济, 2020 (12): 3-10.

[210] 赵晓飞, 李崇光. 农产品流通渠道变革: 演进规律, 动力机制与发展趋势 [J]. 管理世界, 2012 (3): 81-95.

[211] 赵晓飞, 鲁楠. 农产品供应链整合对公司绩效的影响——基于全渠道模式的研究视角 [J]. 北京工商大学学报 (社会科学版), 2021, 36 (5): 51-63.

[212] 赵晓飞, 田野. 农产品流通渠道变革的经济效应及其作用机理研究 [J]. 农业经济问题, 2016 (4): 49-57.

[213] 赵晓飞, 田野. 我国农产品流通渠道模式创新研究 [J]. 商业经济与管理, 2009 (2): 16-22+91.

[214] 赵晓飞. 我国现代农产品供应链体系构建研究 [J]. 农业经济问题, 2012 (1): 15-22.

[215] 中国贸促会研究院. 一体化供应链物流服务发展白皮书 [R/OL]. [2021-11-09]. https://www.digitalelite.cn/h-nd-763.html.

[216] 钟真. 生产组织方式、市场交易类型与生鲜乳质量安全: 基于全

面质量安全观的实证分析［J］．农业技术经济，2011（1）：13-23.

［217］周洁红，李凯，陈晓莉．完善猪肉质量安全追溯体系建设的策略研究——基于屠宰加工环节的追溯效益评价［J］．农业经济问题，2013（10）：90-96.

［218］朱毅华，王凯．农产品供应链整合绩效实证研究——以江苏地区为例［J］．南京农业大学学报（社会科学版），2004（2）：42-48.

［219］庄贵军，邓琪，卢亭宇．跨渠道整合的研究述评：内涵、维度与理论框架［J］．商业经济与管理，2019（12）：31-41.

附录 1

为了方便讨论，假定所讨论的农产品供应链存在两个行为主体：一个是上游供应商（如农户或合作社），另一个是下游销售商（如超市），且以下游销售商为核心。博弈是在它们两个主体之间展开的。

依据相关研究[1][2]，假设下游销售商所面临的需求函数为：$p_2(q) = a - bq$，其中，p_2 为销售商所售卖的最终产品的价格，q 为消费者需求量（其中，$a > 0$，$b > 0$）。供应商与销售商的单位流通成本 C_i（$i = 1$，2。$i = 1$ 表示供应商；$i = 2$ 表示销售商）随着自己可利用的技术信息 x_i 的增加而减小。

这里设：$C_i = C_{0i} - x_i$，$C_2 = C_{02} + p_1 - x_2$，$C_1 = C_{01} - x_1$，其中，p_1 为供应商对销售商的批发价；$x_i = x_{0i} + \Delta x_j$，$x_{0i}$ 是成员 i 自身拥有的信息，Δx_j（$0 < \Delta x_j < 1$）是成员 i 从成员 j 获得的信息（$j = 1$，2 且 $i \neq j$）。

现基于上述假设的条件分别讨论两个主体进行信息共享与不共享的利润水平。

1. 二者不进行信息共享

当不进行信息共享时，博弈是在销售商主导下进行的，具体过程为：第一阶段是由销售商决定最终产品的市场价格及相应的销量；第二阶段是由供应商决定销售商的进货价格及相应的供应量。对于销售商而言，其目标是谋求利润的最大化即 $\max_{q, p_2} (\pi_2)$，其中，$\pi_2 = p_2 q - c_2$。为实现其目标，必须满足：$d\pi_2 / dq = 0$，求解可以得到最优 q_N^* 和最优 p_{2N}^* 分别为：

---

① 王彬. 鲜活农产品流通模式与流通效率的实证研究 [D]. 无锡：江南大学，2008.
② 王能民，孙林岩，汪应洛. 绿色供应链管理 [M]. 北京：清华大学出版社，2005.

$$q_N^* = (a + x_{02} - C_{02} - p_1)/2b \tag{1}$$

$$p_{2N}^* = (a + C_{02} + p_1 - x_{02})/2 \tag{2}$$

在第二阶段，供应商决策。对于供应商而言，其目标是谋求利润最大化即 $\max\limits_{p_1} (\pi_1)$。要实现该目标则必须满足：$d\pi_1/dp_1 = 0$，求解可得供应商最优批发价：

$$p_{1N}^* = (a + x_{02} + C_{01} - C_{02} - x_{01})/2 \tag{3}$$

由式（1）、式（2）、式（3），可求得供应商与销售商的利润 π_{1N}^*、π_{2N}^* 分别为：

$$\pi_{1N}^* = (a - C_{01} - C_{02} + x_{01} + x_{02})^2/8b \tag{4}$$

$$\pi_{2N}^* = (a - C_{01} - C_{02} + x_{01} + x_{02})^2/16b \tag{5}$$

2. 二者进行信息共享

当供应商与销售商进行信息共享时，假定通过协议供应商与销售商相互给予对方的信息相同，即：$\Delta x_i = \Delta x_j = \Delta x$，$\Delta x \in [0, \min(x_i, x_j)]$，按照上述求解的过程与方法可以得到在信息共享时的 q_Y^*、p_{1Y}^*、p_{2Y}^* 分别为：

$$q_Y^* = [a - (C_{02} - x_{02} + p_1 - \Delta x)]/2b \tag{6}$$

$$p_{1Y}^* = (a + x_{02} + C_{01} - x_{01})/2 \tag{7}$$

$$p_{2Y}^* = [a + (C_{02} - x_{02} + p_1 - \Delta x)]/2 \tag{8}$$

结合式（6）、式（7）、式（8）可求得供应商与销售商在信息共享时的利润 π_{1Y}^*、π_{2Y}^* 分别为：

$$\pi_{1Y}^* = (a - C_{01} - C_{02} + x_{01} + x_{02} + 2\Delta x)^2/8b \tag{9}$$

$$\pi_{2Y}^* = (a - C_{01} - C_{02} + x_{01} + x_{02} + 2\Delta x)^2/16b \tag{10}$$

由式（4）、式（5）、式（9）、式（10）可得供应商与销售商在进行信息共享前后的利润之差 $\Delta\pi_1$、$\Delta\pi_2$：

$$\Delta\pi_1 = \pi_{1Y}^* - \pi_{1N}^* = \frac{\Delta x^2}{2b} \tag{11}$$

$$\Delta\pi_2 = \pi_{2Y}^* - \pi_{2N}^* = \frac{\Delta x^2}{4b} \tag{12}$$

由式（11）、式（12）可知 $\Delta\pi_1$、$\Delta\pi_2 > 0$。所以，农产品供应链中，供应商与销售商进行信息共享可以提高其利润水平，即信息共享能提高参与信息共享的供应链成员的利润。

同理，用上述同样的方法，还可求得在理性决策的约束下信息共享还能够实现消费者效用和联盟整体利润水平的提高①，在此不再赘述。

① 王能民，孙林岩，汪应洛．绿色供应链管理［M］．北京：清华大学出版社，2005.

附录 2

农产品供应链的利益分配实际上是在龙头企业主导下的各成员间的博弈过程。它类似于非对称信息下以龙头企业为主的序列博弈（Stackelberg 博弈）。

1. 模型假设

（1）假定成员企业[①]的努力水平是一维的，设为 t_C，$t_C \in A$（A 表示成员企业努力水平的集合），相应的努力性成本为 $C_C(t_C)$，且 $C'_C(t_C) > 0$，$C''_C(t_C) > 0$，即努力程度增加，则努力性成本增加，且增速加快。同理，设龙头企业努力水平为 t_G，相应的努力性成本为 $C_G(t_G)$，且 $C'_G(t_G) > 0$，$C''_G(t_G) > 0$。

（2）设一定时期内供应链创造的总收益为：$R = f_G(t_G) + f_C(t_C) + \varepsilon$，其中 $f_G(t_G)$ 和 $f_C(t_C)$ 分别为龙头企业和成员企业对总收益的贡献，且 $f'_G(t_G) > 0$，$f''_G(t_G) < 0$，$f'_C(t_C) > 0$，$f''_C(t_C) < 0$，ε 是不受龙头企业和成员企业控制的外生随机变量，$\varepsilon \sim N(0, \sigma^2)$。其中，$\sigma^2$ 反映了收益的波动，它主要受市场风险的影响。

（3）假定成员企业享有线性分成计划，所以成员企业的收益分配为：$S = S_0 + \beta R (0 \leqslant \beta \leqslant 1)$，其中 S_0 为成员企业固定报酬，可以理解为市场保护价下成员企业的所得。

（4）供应链成员间是信息不对称的，t_G、t_C 具有不可证实性，故 $f_G(t_G)$ 和 $f_C(t_C)$ 也具有不可证实性。

（5）设龙头企业所得利润为 $\pi = R - C_G(t_G) - S$，相应的效用函数为 $V(\pi)$；成员企业所得利润为 $w = S - C_C(t_C)$，相应的效用函数为 $U(w)$。

[①] 为了更能体现农产品供应链的特殊性，尽管农户不具有法律意义上的企业性质，我们也把农户纳入成员企业范畴。

（6）假定龙头企业是风险中性，成员企业是风险规避。

2. 模型建立

设成员企业的保留收入为 w_0，相应地保留效用为 $U(w_0)$。根据 Stackel-berg 博弈思想，农产品供应链利润分配的一般模型可描述为：

$$\max_{t_G,t_C} E\{V[R-C_G(t_G)-S]\}$$
$$S.t.\quad E\{U[S-C_C(t_C)]\}\geqslant U(w_0)\quad (IC) \tag{13}$$
$$\max_{t_C} E\{U[S-C_C(t_C)]\}\quad (IR)$$

考虑成员企业风险规避因素，并假定成员企业效用函数具有绝对的风险规避特征，即 $U_C=-e^{-\rho w}$，w 为实际收入，ρ 为成员企业的风险规避系数，则成员企业的风险成本为：$C_C^R(w)=\dfrac{1}{2}\rho\beta^2\mathrm{Var}(S)=\dfrac{1}{2}\rho\beta^2\sigma^2$。

于是，上述一般模型（13）的等价确定型形式为：

$$\max_{t_G,s_0,\beta}\{(1-\beta)[f_G(t_G)+f_C(t_C)-C_G(t_G)-S_0]\} \tag{14}$$

$$S.t.\quad S_0+\beta[f_G(t_G)+f_C(t_C)]-\frac{1}{2}\rho\beta^2\sigma^2-C_C(t_C)\geqslant W_0 \tag{15}$$

$$t_C\in\mathrm{argmax}\left\{S_0+\beta\left[f_G(t_G)+f_C(t_C)-\frac{1}{2}\rho\beta^2\sigma^2-C_C(t_C)\right]\right\} \tag{16}$$

3. 模型分析

由于成员企业的努力水平 t_C 是不可观察的，因此式（16）对 t_C 求极值可得：

$$\beta f'_C(t_C)=C'_C(t_C) \tag{17}$$

将式（15）中 S_0 代入式（14），结合式（17）并对 β 求导，可得：

$$\rho\beta\sigma^2=(1-\beta)f'_C(t_C)\frac{\partial t_C}{\partial\beta} \tag{18}$$

（1）分成系数（β）与努力程度（t_C）的关系。

由式（17）对 β 求导可得：$\dfrac{\partial t_C}{\partial\beta}=\dfrac{f'_C(t_C)}{C''_C(t_C)-\beta f''_C(t_C)}$。因为 $\beta>0$、$f'_C(t_C)>0$、

$f''_C(t_C)<0$、$C''_C(t_C)>0$，故 $\dfrac{\partial t_C}{\partial\beta}>0$。成员企业的努力性水平随着分成系数 β 的增

大而增大，如果 $\beta=0$，由式（16）可得只有 $C_c(t_c)$ 最小，而 $C'_c(t_c)>0$，才只有成员企业的努力水平 $t_c=0$。这也就是说，如果事前合同中成员企业收益不与供应链总收益挂钩（$\beta=0$），则合作过程中成员企业不会做出自己的努力。

（2）分成系数（β）与风险规避度（ρ）和市场风险（σ^2）的关系。

由式（18）可知：

$$\beta=\frac{f'_c(t_c)\dfrac{\partial t_c}{\partial \beta}}{\rho\sigma^2+f'_c(t_c)\dfrac{\partial t_c}{\partial \beta}} \qquad (19)$$

从式（19）可以看出，成员企业的风险规避度 ρ 越大，成员企业要求的利益分成比例 β 就越小。这就是说，如果成员企业越是风险规避的，龙头企业给它的分成比例就越小。从式（19）还可以看出，市场风险（σ^2）越大，成员企业的利益分成比例 β 就越小。这也就是说，供应链总体收益的波动越大，给成员企业的分成比例就要越少。

（3）分成系数（β）与成员企业的边际贡献 $[f'_c(t_c)]$ 的关系。

由式（18）可知，$f'_c(t_c)$ 越大，β 越大，成员企业要求的分成比例越多。这实际上代表了供应链收益的一个分配原则，即按照贡献大小分配。分配的标准就是边际贡献，按照边际贡献的大小进行利益分配保证了公平性。

后　记

　　本书是国家社会科学基金一般项目"全渠道模式下农产品供应链整合及其效应研究"（项目编号：18BGL107）的最终研究成果，该项目结题评审结果为"良好"。课题组先后在武汉、南昌、长沙、上海、宜昌、洛阳、漯河、秦皇岛等地开展了实地调查和深度访谈，还参加了全国各地的农业博览会、农产品供应链大会、农产品展销会，获得了大量问卷数据和案例资料，这为本书的完成和出版奠定了坚实的基础。

　　本书的部分内容以论文形式分别在 *International Journal of Production Economics*（中科院 SCI 一区 TOP 期刊）、《商业经济与管理》、《经济学家》、《北京工商大学学报（社会科学版）》、《中国流通经济》、《云南社会科学》、《社会科学报》、《湖北日报》等国际顶级期刊和国内重要期刊（CSSCI）、报纸上发表。其中，发表的英文论文多次被国际供应链管理、运营管理领域权威期刊引用，所提出的农产品供应链整合框架和机制，受到了国际学术界高度关注，产生了良好的国际影响力，并由此获得国际学术组织 ScienceFather 颁发的2022 年国际学术"最佳研究者奖"（Best Researcher Award）；中文相关成果还获得湖北省社会科学优秀成果奖一等奖（2018 年）、湖北发展研究奖三等奖（2018 年）和湖北省高等学校人文社会科学研究优秀成果奖（2019－2021 年度），所提出的相关政策建议还得到湖北省政协领导肯定性批示。

　　值此书付梓之际，笔者特别要感谢课题组成员湖北大学商学院的韩艳旗教授、武汉工商学院管理学院的李明教授，以及中南民族大学管理学院研究生付中麒、鲁楠、马新玲、孙红霞、陈秀林、马鑫等。他们全程参与了课题研究、实地调研、书稿撰写与修改，付出了艰辛的努力，部分文字和资料来源于他们的调研成果及论文成果。笔者还要感谢国家社会科学基金的资助，感谢中南民族大学管理学院"运营与供应链管理"学术团队的鼎力支持。

另外，在写作过程中，笔者参阅、借鉴、引用了部分学者的论文、著作及资料，吸取了许多有价值的观点和意见，但有些参考文献并未一一列出，在此也一并表示诚挚的感谢！

赵晓飞

2023 年 5 月于中南民族大学南湖畔